AF503875

RÉPUBLIQUE FRANÇAISE.

MINISTÈRE DE L'AGRICULTURE

ADMINISTRATION DES EAUX ET FORÊTS

EXPOSITION UNIVERSELLE INTERNATIONALE DE 1900

À PARIS

INSUFFISANCE
DE
LA PRODUCTION DES BOIS D'ŒUVRE
DANS LE MONDE

PAR A. MÉLARD

INSPECTEUR DES EAUX ET FORÊTS

PARIS

IMPRIMERIE NATIONALE

MDCCCC

INSUFFISANCE

DE

LA PRODUCTION DES BOIS D'ŒUVRE

DANS LE MONDE

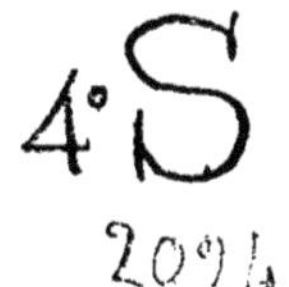

RÉPUBLIQUE FRANÇAISE.

MINISTÈRE DE L'AGRICULTURE

ADMINISTRATION DES EAUX ET FORÊTS

EXPOSITION UNIVERSELLE INTERNATIONALE DE 1900

À PARIS

INSUFFISANCE

DE

LA PRODUCTION DES BOIS D'ŒUVRE

DANS LE MONDE

PAR A. MÉLARD

INSPECTEUR DES EAUX ET FORÊTS

PARIS

IMPRIMERIE NATIONALE

MDCCCC

INSUFFISANCE

DE

LA PRODUCTION DES BOIS D'ŒUVRE

DANS LE MONDE.

Depuis trente ou quarante ans, les conditions d'accès des produits forestiers sur les marchés se sont profondément modifiées.

Avant le grand développement des chemins de fer et des canaux, qui caractérise la seconde moitié du XIXe siècle, les seuls modes de transports économiques étaient ceux par navires sur mer, ou par bateaux ou trains sur les rivières. Dès qu'il fallait emprunter les routes de terre, en s'éloignant des ports ou du bord des cours d'eau, les bois se trouvaient, après un faible parcours, grevés de frais qui ne tardaient pas à être égaux ou supérieurs à leur valeur. Les produits ligneux sont, en effet, au nombre des plus encombrants, de ceux qui, sous l'unité de poids, se vendent le moins cher. Transportés sur charrettes, les bois de chauffage ne peuvent aller au delà d'une quarantaine de kilomètres sans voir leur prix net réduit à néant. A dos de mulet, ils ne dépassent pas une vingtaine de kilomètres. Pour les conduire plus loin, on doit leur faire perdre par la carbonisation les quatre cinquièmes de leur poids. Bien que les bois de service et d'industrie aient, en raison de leur valeur plus grande, un rayon de diffusion plus étendu, il leur est cependant difficile de s'éloigner beaucoup de leur lieu d'origine lorsqu'ils doivent se servir uniquement de routes de terre.

Autrefois, les pays producteurs de bois avaient donc une sorte d'indépendance relative les uns vis-à-vis des autres. L'éloignement et les hauts prix des transports les garantissaient réciproquement de la concurrence. Chacun d'eux avait sa clientèle : restreinte s'il ne possédait qu'une viabilité incomplète, plus étendue s'il avait la chance d'être traversé par des rivières coulant vers quelque port ou quelque grand centre de population.

Il n'en est plus ainsi. L'Europe et l'Amérique du Nord se sont couvertes d'un réseau de chemins de fer et de canaux aux mailles de plus en plus serrées. Des tarifs très bas permettent aux bois de franchir de grandes distances. Les navires, dont la vapeur a triplé la puissance de transport, les amènent à un bon marché extraordinaire sur les points les plus éloignés.

La solidarité entre les divers pays du globe, qui gagne peu à peu toutes les branches de l'activité humaine s'est donc étendue aussi à la production et à la vente des bois.

Il faut désormais que le forestier, que le marchand de bois, que le propriétaire ne se contentent plus d'une connaissance, si parfaite qu'elle soit, de leur circonscription, de leur province, des marchés les plus voisins. Leur regard doit porter plus loin. Leur attention, toujours en éveil, doit se préoccuper de ce qui se passe dans les autres pays.

Me plaçant à ce point de vue, je voudrais donner un aperçu sommaire de la consommation actuelle des produits ligneux et des ressources forestières du présent et de l'avenir, tant en France qu'à l'étranger.

Cette étude ne laisse pas d'être aride, car, pour lui imprimer un véritable caractère de précision, il faut l'appuyer de nombreux chiffres relevés dans les statistiques officielles, publiées par les divers États, ou puisés dans les rapports consulaires.

J'espère cependant que mes lecteurs, pénétrés de l'importance capitale de cette question, ne se laisseront pas rebuter par la monotonie de mon exposé et voudront bien me conserver jusqu'au bout leur bienveillante attention.

Lorsqu'on rapproche les unes des autres les statistiques du commerce extérieur des bois dressées à diverses époques dans les grands pays industriels de l'Europe : Angleterre, Allemagne, Belgique, France, Suisse, on est immédiatement frappé de ce fait qu'il y a un excédent notable des importations sur les exportations et que cet excédent, loin de diminuer, tend généralement à prendre une importance de plus en plus grande.

On doit donc en conclure que la consommation du bois va toujours en augmentant.

Cette constatation ne concorde pas avec l'opinion de bien des gens qui, jugeant superficiellement, se figurent que, grâce à l'emploi du fer, de l'acier, du charbon de terre, le bois est un produit de plus en plus délaissé et que le rôle économique des forêts tend à devenir insignifiant. Mais elle est d'une rigoureuse exactitude, comme on le verra dans la suite de ce travail.

En y réfléchissant quelque peu, il est d'ailleurs facile de se convaincre que, si l'on consomme moins de bois comme combustible ou comme charpente, on n'a pas cessé d'en faire largement usage pour planchers, menuiserie, tonneaux, caisses d'emballage, etc., et que le développement du commerce et de l'industrie a considérablement augmenté son emploi sous forme de bois de mines, poteaux télégraphiques, traverses de chemins de fer, wagons, pâtes de cellulose, etc.

D'autre part, la production ligneuse n'augmente pas, car, si dans quelques rares pays on s'efforce d'améliorer le traitement des forêts existantes en vue d'élever leur rendement, partout ailleurs on détruit sans relâche les massifs boisés, réalisant en peu d'années le capital ligneux dont la formation avait exigé une durée de plusieurs siècles, et on diminue, par conséquent, la production de l'avenir.

A l'heure actuelle, la situation forestière dans le monde peut se résumer en ces mots :

La consommation du bois est supérieure à la production normale des forêts accessibles; il y a dans cette production un déficit qui est momentanément compensé par des destructions de forêts.

Cette situation est fort grave. Elle mérite l'attention non seulement des forestiers de métier, mais aussi celle des économistes et des hommes d'État. Les questions forestières, qui rencontrent aujourd'hui tant d'indifférents, sont appelées à prendre, avant quelques années, une importance capitale dans les préoccupations des peuples civilisés. Puisse-t-il alors n'être pas trop tard!

Une revue rapide des principaux pays consommateurs ou producteurs de bois va malheureusement établir que ce cri d'alarme n'a rien d'exagéré.

ANGLETERRE.

Le Royaume-Uni de Grande-Bretagne et d'Irlande (ou, comme on dit plus généralement, l'Angleterre) est très peu boisé.

Les forêts n'y occupent qu'une surface de 1,229,000 hectares (1,103,000 hectares pour la Grande-Bretagne, 126,000 hectares pour l'Irlande), alors que l'ensemble du royaume comprend 31,353,000 hectares. Il en résulte que la proportion de la surface des forêts à l'étendue totale, ou autrement dit le taux de boisement, n'atteint pas 4 p. 100. C'est environ le sixième du taux de boisement de l'Allemagne, qui est de 23.3 p. 100, moins du quart de celui de la France, qui est de 17.7 p. 100. Rapprochée du chiffre de la population, qui s'élève actuellement à 40,200,000 habitants, la surface totale boisée ne représente qu'une étendue de 3 ares par habitant.

L'Angleterre ne trouve donc sur son sol qu'une quantité de produits ligneux très inférieure aux besoins de son commerce et de son industrie. Aussi doit-elle faire appel, dans une très large mesure, aux bois étrangers.

On trouvera aux annexes placées à la fin de cette étude (tableaux n°s 1, 2 et 3) des renseignements détaillés sur le commerce extérieur des bois communs en Angleterre. Je me bornerai, dans l'exposé qui va suivre, à mettre en lumière les points les plus importants.

J'appelle auparavant l'attention sur ce fait que, pour avoir des résultats comparables de pays à pays, j'ai adopté pour règle de ne comprendre dans les relevés d'importation et d'exportation que les bois communs, bois bruts, équarris, sciés, fendus, et, s'il y a lieu, bois de feu et charbons de bois, à l'exclusion des bois d'ébénisterie, des meubles, des ouvrages en bois, etc., ainsi que des autres produits forestiers tels que résines, lièges, écorces à tan, etc.

Le commerce extérieur des bois communs, en Angleterre, pendant les cinq dernières années, se résume comme suit :

1° EN VALEURS :

ANNÉES.	IMPORTATIONS.	EXPORTATIONS.	EXCÉDENTS DES IMPORTATIONS.
	francs.	francs.	francs.
1894	419,385,726	5,023,370	414,362,356
1895	390,203,007	4,696,947	385,506,060
1896	477,318,764	6,328,782	470,989,982
1897	579,811,381	6,336,096	573,475,285
1898	519,349,255	6,255,316	513,093,939
MOYENNES	477,213,626	5,728,102	471,485,524

2° EN QUANTITÉS :

ANNÉES.	IMPORTATIONS.	EXPORTATIONS.	EXCÉDENTS DES IMPORTATIONS.
	mètres cubes.	mètres cubes.	mètres cubes.
1894	11,202,122	47,552	11,154,570
1895	10,566,509	50,405	10,516,104
1896	12,172,785	67,851	12,104,934
1897	14,117,316	58,125	14,059,191
1898	12,500,438	60,569	12,439,869
MOYENNES	12,111,834	56,900	12,054,934

Les exportations sont insignifiantes. Elles se composent, presque en totalité, de réexportations de produits coloniaux ou étrangers. Elles ne s'élèvent qu'à 1.2 p. 100 de la valeur des importations et à 0.47 p. 100 de leur volume. L'excédent des importations est, par conséquent, très peu différent du chiffre des importations.

Comme on le voit par les deux tableaux ci-dessus, cet excédent a été, en moyenne, pendant les cinq dernières années, de 12 millions de mètres cubes, valant 471 millions de francs.

Mais le cube des bois débarqués dans les ports anglais se composait, pour les deux tiers au moins, de marchandises débitées sous forme de planches, madriers, douves. Il est donc inférieur au cube exploité en forêt. Pour obtenir le dernier volume, on doit faire entrer en ligne de compte un certain coefficient de déchet.

On restera dans les limites d'une grande modération en fixant ce coefficient au quart du cube importé, ce qui conduit à évaluer le volume en forêt qui lui correspond à 15 millions de mètres cubes.

Si considérable que soit ce chiffre, son simple énoncé ne suffit peut-être pas pour en faire apprécier l'importance par les personnes peu familiarisées avec les questions de production forestière.

On peut la préciser par quelques comparaisons :

Les 3 millions d'hectares gérés en France par l'Administration des eaux et forêts ont une production annuelle de bois d'œuvre d'environ 2,200,000 mètres cubes en grume.

Les 9,500,000 hectares composant l'ensemble des forêts françaises ont une production annuelle de bois d'œuvre d'environ 6 millions de mètres cubes en grume.

L'excédent moyen des importations sur les exportations de bois communs, pendant la période 1894 à 1898, correspond en France à un cube de bois d'œuvre, ramené au cube en forêt, de 2,336,000 mètres cubes.

Par conséquent, l'excédent moyen des importations de bois d'œuvre en Angleterre, pendant les cinq dernières années, est égal :

A près de sept fois la production des forêts domaniales et communales de France;

A deux fois et demie la production de l'ensemble des forêts françaises;

A plus de six fois le déficit de la production forestière en France dans la même période quinquennale.

Si, au lieu de considérer la moyenne des excédents d'importation des cinq dernières années, on s'arrête en particulier à l'année 1897, qui n'a pas, comme 1898, été troublée par de longues grèves ralentissant l'activité industrielle et diminuant la consommation des bois de mines, on arrive à des résultats presque effrayants.

Le cube en forêt correspondant aux importations de 1897 est de 17,600,000 mètres cubes, dont 16,500,000 mètres cubes de bois résineux.

Cette énorme consommation de bois résineux s'explique à la fois par leur abondance dans les pays qui possèdent encore des réserves forestières, leur bon marché, leur légèreté qui diminue les frais de transport et les rend propres à des usages très variés, la facilité avec laquelle ils se laissent travailler. Elle constitue un sérieux encouragement pour la propagation du sapin et de l'épicéa dans les régions dont le climat se prête à la culture de ces essences.

On peut se demander si la consommation du bois en Angleterre n'a pas atteint son maximum et n'est pas destinée à décroître.

C'est peu probable, car cette consommation est la conséquence immédiate de la puissance commerciale et industrielle de l'Angleterre, dont rien n'annonce le prochain déclin.

L'augmentation de l'avenir sera sans doute moins rapide que celle des quarante dernières années, où l'on a vu le cube importé atteindre successivement :

1860	3,850,000 mèt. cub.
1870	6,300,000
1880	9,100,000
1890	10,200,000
1895	10,500,000
1898	12,500,000

On doit même désirer le ralentissement de cette marche ascendante, sinon on aboutirait à des chiffres fantastiques qui pousseraient à la destruction rapide de toutes les forêts et compromettraient l'approvisionnement des autres nations.

Mais ce serait s'illusionner que de compter sur une diminution de la consommation du bois quand on voit se développer en Angleterre tout ce qui constitue le progrès économique d'une nation.

La valeur totale des importations, qui était de 9 milliards 400 millions en 1875, a été de 11 milliards 800 millions en 1898. Les quantités ont augmenté dans une proportion beaucoup plus forte que les valeurs, puisque les prix d'unités des marchandises, considérés dans leur ensemble, ont diminué de 36 p. 100 depuis 1875 (1).

Le tonnage de la marine marchande, qui était de 6,088,000 tonneaux en 1875, a atteint 8,975,000 tonneaux en 1898, et la puissance de transport s'est développée beaucoup plus, puisque actuellement il y a moins de voiliers qu'en 1875.

(1) D'après M. Sauerbeck, de la Société de statistique de Londres, en donnant le coefficient 100 au niveau moyen du prix, dans la période 1867 à 1877, des 45 marchandises principales constituant le commerce de l'Angleterre, le coefficient de l'année 1898 serait 64 (*Bulletin de statistique et de législation comparée*, février 1899).

L'extraction de la houille, qui portait sur 134 millions de tonnes métriques en 1875, en a produit 205 millions en 1898.

Enfin, il ne faut pas oublier que la population de l'Angleterre augmente de 300,000 habitants par an et que, pour les loger, pour employer leurs bras, on doit construire chaque année, comme habitations et usines, l'équivalent d'une ville plus grande que Bordeaux.

Les pays qui approvisionnent l'Angleterre de produits ligneux sont, en première ligne, la Suède, la Russie et le Canada, dont les envois réunis constituent les deux tiers des importations. Le troisième tiers est fourni par la Norvège, les États-Unis, la France, l'Allemagne et quelques autres nations dont les expéditions sont très faibles par rapport à celles des pays qui viennent d'être énumérés.

BELGIQUE.

La Belgique est, comme l'Angleterre, un pays de grande industrie; on peut donc affirmer de prime abord qu'elle consomme beaucoup de bois. Aussi, quoique la sylviculture y soit l'objet d'une grande sollicitude de la part des pouvoirs publics, la production de ses 506,000 hectares de forêts (17.2 p. 100 du territoire, 8 ares par habitant) est-elle tout à fait insuffisante.

En consultant l'état du commerce extérieur des bois communs en 1898 (voir aux annexes le tableau n° 4), on constate que les importations de bois de construction et des bois de mines, à l'exclusion des bois d'ébénisterie et des ouvrages en bois, se sont élevées à:

En mètre cubes	1,492,141
En francs	104,255,611

tandis que les exportations ont atteint seulement:

En mètres cubes	28,333
En francs	2,143,483

d'où résulte un déficit de :

En mètres cubes	1,463,808
En francs	102,112,128

En tenant compte des déchets d'équarrissage et de sciage, le cube en forêt correspondant au déficit peut être évalué à 1,850,000 mètres cubes.

Il est très supérieur à la production en bois d'œuvre de l'ensemble des forêts belges que l'on estime à 850,000 mètres cubes[1].

Cette insuffisance de la production forestière en Belgique existait déjà, il y a une quarantaine d'années, mais dans des proportions bien moindres qu'à l'époque actuelle.

En remontant jusqu'en 1860 et dressant le tableau comparé des importations et exportations des bois de construction seulement, en laissant de côté les bois divers, on voit que l'excédent des importations est passé de 157,432 mètres cubes en 1860 à 1,030,873 mètres cubes en 1898.

En 38 ans, le déficit a donc augmenté dans la proportion de 1 à 6 1/2 (voir aux annexes le tableau n° 5).

Rien ne donne à penser que la consommation du bois en Belgique soit appelée à diminuer, et comme, d'autre part, la production nationale ne peut se développer que très lentement, on doit admettre que, pendant bien longtemps, la Belgique restera tributaire de l'étranger pour la valeur de près de deux millions de mètres cubes de bois en grume.

PAYS-BAS.

Les Pays-Bas, dont la plus grande partie du territoire est formée par les fertiles alluvions du Rhin, de la Meuse et de l'Escaut, sont depuis des siècles un pays peu boisé. Leur taux de boisement ne

[1] *Bulletin de la Société centrale forestière de Belgique;* année 1899, page 313.

dépasse pas 7.5 p. 100; ils possèdent moins de 5 ares de forêt par habitant, 248,000 hectares au total.

Autrefois les Pays-Bas s'approvisionnaient de bois dans les bassins de la Meuse, de la Moselle et du Rhin. L'expression «Bois de Hollande» se trouve fréquemment dans les anciens titres concernant les forêts de Lorraine. Actuellement ils s'adressent surtout aux pays du Nord, dont les bois leur parviennent par mer.

Les Pays-Bas sont essentiellement une nation commerçante. Le chiffre total de leur commerce extérieur est peu différent de celui de la France, quoique leur population soit sept à huit fois plus faible. Ils constituent une sorte d'entrepôt international où une partie de l'Europe vient chercher des produits étrangers ou exotiques et écouler ses propres marchandises. En revanche, l'industrie y est moins développée qu'en Belgique, et les richesses minérales y sont peu considérables. Aussi la consommation du bois y est-elle moins active.

Les importations sont cependant supérieures aux exportations. Leurs valeurs respectives, en 1898, ont été (voir aux annexes le tableau n° 6):

Importations	104,121,912 francs.
Exportations	85,976,696
Excédent des importations	18,145,216

Il n'est pas possible de traduire cet excédent en volume, comme on l'a fait pour l'Angleterre et la Belgique. Les statistiques hollandaises se bornent, pour une notable partie des importations, à donner les valeurs sans indiquer en même temps les quantités en poids ou en volume.

SUISSE.

L'âpreté du relief de la Suisse et le défaut de voies de communication en firent longtemps un pays n'ayant que des industries de consommation locale. Les produits des forêts étaient alors supérieurs aux besoins; on ne songeait pas à les ménager. Comme dans toutes les régions montagneuses, les forêts les plus appréciées étaient sans doute celles qui offraient le plus de ressources pour le pâturage des bestiaux, c'est-à-dire celles qui étaient les moins denses et qui renfermaient de nombreuses clairières.

Quand les routes, puis les chemins de fer, permirent à la Suisse de déverser ses productions au dehors, son industrie se transforma et prit une rapide croissance. On se mit à travailler pour l'exportation, et les forêts, de surabondantes qu'elles étaient, ne tardèrent pas à devenir insuffisantes, bien que leur superficie (842,000 hectares) fût égale au cinquième de l'étendue totale de la Confédération. Aujourd'hui, sous peine de les ruiner, ce qui aurait les plus funestes conséquences pour la stabilité des montagnes et la sécurité des vallées, on est obligé d'y modérer les exploitations et de faire à l'étranger des achats toujours croissants.

Dès à présent, le volume des bois d'œuvre importés est cinq fois plus grand que celui des bois exportés et il y a lieu de supposer que cette disproportion augmentera encore. On sait, en effet, que l'utilisation des chutes d'eau, si nombreuses et si puissantes en Suisse, permet d'établir des usines actionnées par les forces électro-motrices. Quoique n'ayant pas de mines de houille, la Suisse est en train de devenir un pays de grande industrie, comme l'Angleterre et la Belgique. Les glaciers, a-t-on dit, sont de la houille blanche.

On peut prévoir ce qu'il adviendra dans l'avenir du commerce extérieur du bois d'œuvre en Suisse, en se reportant à quelques années seulement en arrière (voir aux annexes les tableaux n°s 7 et 8).

En 1888, les chiffres étaient les suivants :

	QUANTITÉS. — quintaux.	VALEURS. — francs.
Importations	738,509	5,032,373
Exportations	778,763	3,859,706

La Suisse se suffisait à peu près à elle-même; ses exportations, supérieures en poids, étaient inférieures en valeur, mais de part et d'autre les différences étaient peu considérables.

En 1898, la situation est toute différente :

	QUANTITÉS.	VALEURS.
	quintaux.	francs.
Importations	1,757,082	16,541,409
Exportations	332,541	1,786,482
EXCÉDENT des importations.	1,424,541	14,754,927

Ainsi, en dix ans, les importations ont plus que doublé, tandis que les exportations diminuaient de moitié.

L'excédent d'importation de 1898 représente donc environ 240,000 mètres cubes, correspondant à un volume en forêt de 300,000 mètres cubes.

ALLEMAGNE.

Quand on considère que, sur une superficie territoriale de 54 millions d'hectares, l'Allemagne possède près de 14 millions d'hectares de forêts; quand on sait, d'autre part, que ces forêts, situées généralement en plaine ou sur des montagnes de moyenne élévation, sont en grande partie peuplées d'essences résineuses d'un haut rendement, on est tenté de croire que l'Allemagne dispose d'une production forestière surabondante dont elle peut déverser le superflu sur les États voisins.

Mais, depuis une trentaine d'années, la population, le commerce et l'industrie de l'Allemagne ont progressé dans des proportions étonnantes.

La population de l'Allemagne augmente d'environ 500,000 habitants par an. Elle est actuellement de 55 millions d'habitants; elle atteindra le chiffre de 60 millions en 1910.

Son commerce extérieur, importations et exportations réunies (déduction faite des métaux précieux), qui était de 7 milliards 442 millions en 1875, s'est élevé à 10 milliards 910 millions en 1898.

Le tonnage de sa marine marchande est passé de 1,085,000 tonneaux en 1875 à 1,555,000 tonneaux en 1898.

L'extraction des combustibles minéraux, qui donnait 56 millions de tonnes en 1883, a livré 131 millions de tonnes en 1898.

Enfin, la production de la fonte s'est élevée de 2,914,000 tonnes en 1881 à 6,889,000 tonnes en 1897.

On a constaté au sujet de l'Angleterre, de la Belgique et de la Suisse, qu'à tout développement industriel et commercial correspondait une augmentation de l'emploi des bois d'œuvre. La même loi se vérifie en Allemagne.

Si on compare le commerce extérieur des bois communs à dix ans de distance, en 1888 et 1898, on relève pour les bois d'œuvre les chiffres suivants (voir aux annexes les tableaux nos 9 et 10):

		QUANTITÉS.	VALEURS.
		quintaux.	francs.
1888.	Importations	32,404,363	172,176,000
	Exportations	8,762,439	78,273,000
	EXCÉDENT des importations.	23,641,924	93,903,000

		QUANTITÉS.	VALEURS.
		quintaux.	francs.
1898.	Importations	47,349,948	370,612,000
	Exportations	3,341,748	27,081,000
	EXCÉDENT des importations.	44,088,200	343,531,000

L'excédent en poids des importations a donc presque doublé et l'excédent en valeur a plus que triplé en dix ans.

En adoptant, comme poids moyen du mètre cube, 6 quintaux

on voit que le volume correspondant à l'excédent d'importation de 1898 est d'environ 7,300,000 mètres cubes, en partie débités en planches ou douves, qui représentent au minimum 9 millions de mètres cubes en grume.

Lorsqu'un pays ayant sur son territoire 14 millions d'hectares de forêts demande 9 millions de mètres cubes aux forêts étrangères, on ne s'étonne plus que l'Angleterre, si peu boisée, soit obligée d'importer un volume équivalent à 15 millions de mètres cubes.

DANEMARK.

Le Danemark est certainement, en Europe, un des pays où l'on apprécie le mieux l'utilité des forêts. Celles qui existent sont entourées de beaucoup de soins, et on cherche à en augmenter la superficie en boisant les terres incultes.

Elles sont malheureusement peu étendues; elles n'occupent que 241,430 hectares, c'est-à-dire 6.3 p. 100 seulement de l'étendue totale du royaume. Leur production en bois d'œuvre est très inférieure aux besoins d'une population de 2,300,000 habitants.

En 1898, le Danemark a importé pour 31,085,318 francs de bois d'œuvre communs et n'en a exporté que pour la valeur insignifiante de 57,947 francs. L'excédent d'importation a donc été de 31,027,371 francs (voir aux annexes le tableau n° 11).

Le volume importé était d'environ 650,000 mètres cubes, représentant au minimum 800,000 mètres cubes en grume.

La situation s'aggrave d'année en année. Dans la période 1891 à 1895, l'excédent moyen d'importation n'était que d'environ 19,500,000 francs.

FRANCE.

La France ne trouve pas dans ses 9,500,000 hectares de forêts (17.7 p. 100 de son territoire) les bois d'œuvre qui lui sont nécessaires.

Dans la dernière période quinquennale, 1894 à 1898, les importations de ces marchandises ont atteint en valeurs (voir aux annexes les tableaux nos 12, 13 et 14) :

1894	141,909,363 francs.
1895	124,957,884
1896	144,550,610
1897	148,539,484
1898	142,443,353
Total	702,400,694
Moyenne	140,480,140

et les exportations se sont élevées à :

1894	45,204,012 francs.
1895	41,547,028
1896	44,343,517
1897	46,497,593
1898	31,518,931
Total	209,111,081
Moyenne	41,822,216
Excédent moyen des importations	98,657,924

En présence d'un tel excédent, on se demande immédiatement : Pourquoi les produits forestiers ont-ils, trop souvent en France, tant de difficulté pour trouver un écoulement rémunérateur?

La réponse à cette question est fort simple : Depuis plusieurs générations, des siècles même, la production de la moitié, si ce n'est des deux tiers de nos forêts, a été orientée en vue de l'alimentation des usines en charbon de bois et des foyers en bois de chauffage. Or, en quelques années, ces débouchés ont été fermés ou fortement rétrécis. Le mode de traitement et d'aménagement des forêts n'a pu être modifié du jour au lendemain. Il faut beaucoup de temps et aussi de la résignation à accepter des sacrifices momentanés de jouissance, pour allonger les révolutions des taillis, pour élever des modernes et des anciens, pour transformer les mauvais taillis en sapinières. Les communes et les particuliers propriétaires de bois commencent à peine à entrer dans cette voie.

Nous continuons donc à produire, en surabondance, les bois dont la consommation ne veut plus et, en même temps, ceux que réclame notre industrie nous font défaut. L'ensemble de nos forêts ne donne annuellement pas plus de 6 millions de mètres cubes de bois d'œuvre, contre 20 millions de mètres cubes de bois de feu.

Une analyse des éléments de notre commerce extérieur achèvera de mettre cette situation en lumière.

Pendant la dernière période quinquennale, nous avons, indépendamment des bois d'œuvre, acheté et vendu des bois à brûler et des charbons de bois. (Il convient de laisser de côté les lièges, que les tableaux des douanes classent à tort dans les bois communs.)

Les valeurs moyennes des importations et exportations des combustibles végétaux ont été :

BOIS À BRÛLER.

Importations	592,401 francs.
Exportations	815,657
Excédent des exportations	223,256

CHARBON DE BOIS.

Importations	533,033 francs.
Exportations	677,492
Excédent des exportations	144,459

Ces chiffres montrent, avec évidence, l'insignifiance du marché extérieur des bois à brûler et des charbons de bois. Les importations sont si faibles qu'elles restent sans influence sur les prix intérieurs; elles sont d'ailleurs inférieures aux exportations. Mais l'excédent de celles-ci est tellement minime, qu'il ne diminue en rien l'encombrement des bois de feu qui existe en France. Nous pourrions facilement envoyer à l'étranger de grandes quantités de bois à brûler et de charbons de bois, mais ces marchandises sont aussi délaissées en dehors de nos frontières que chez nous.

Il en était tout autrement il y a cinquante ans. Dans la période décennale qui s'étend de 1847 à 1856, la production forestière normale était renforcée par des défrichements de forêts, très nombreux à cette époque, puisque, pendant cette période, les autorisations de défrichements ont porté, au total, sur 133,000 hectares. Néanmoins il n'y avait pas d'encombrement; les bois à brûler et les charbons se vendaient très bien; nous n'en avions pas assez; nous en achetions en moyenne, chaque année, pour 3,648,000 francs, et nous n'en exportions que pour 142,000 francs.

Il ne faut pas espérer voir revenir de semblables conditions. Le charbon de bois, déjà délaissé par la métallurgie, le sera de plus en plus pour les usages domestiques, en présence de la concurrence du pétrole, du gaz et bientôt de l'électricité. Quant au bois à brûler, il continuera à être recherché comme chauffage de luxe, mais ses débouchés vers d'autres emplois tendront à se restreindre plutôt qu'à s'étendre.

Il importe donc que communes et particuliers, imitant l'exemple qui leur est donné par l'État, se décident énergiquement et sans atermoiement à modifier le traitement de leurs forêts, de façon à y réduire au minimum la production des bois à charbon et des bois de feu de petites dimensions.

Mais nos efforts ne doivent pas se borner à l'amélioration de la qualité des bois de feu. Il est non moins nécessaire de se préoccuper des bois d'œuvre, dont la quantité et la qualité ne répondent ni à nos besoins, ni à la force productive de nos forêts.

On a vu, précédemment, que la valeur moyenne des importations de bois d'œuvre, durant les cinq dernières années, a été de 140,480,140 francs. Le poids moyen importé ayant été de 1,561,536 tonnes (voir aux annexes le tableau n° 14), la valeur moyenne de la tonne importée s'est élevée à 89 fr. 96.

Pendant la même période, nous avons exporté, en moyenne, 858,530 tonnes, estimées 41,822,216 francs. La valeur de la tonne exportée n'a donc été que de 48 fr. 71.

La comparaison des deux valeurs, 89 fr. 96 et 48 fr. 71, montre que les bois importés étaient des marchandises beaucoup plus belles que les bois exportés, ce qui indique immédiatement que ce sont les bois d'œuvre de qualité supérieure qui nous font défaut, alors que nous avons des bois médiocres en excès.

L'examen détaillé des importations et des exportations confirme cette appréciation.

Mais lorsqu'on veut s'y livrer, on s'aperçoit que les quantités importées et exportées, telles qu'elles figurent en poids aux tableaux des douanes, ne sont pas exactement comparables. Les unes, comme les bois en grume, les bois de mines, les bois destinés à la fabrication de la pâte de cellulose, sont entrées ou sorties à l'état brut, tandis que d'autres, comme les traverses des chemins de fer, les bois équarris ou sciés, les merrains, etc., avaient auparavant été plus ou moins privées des déchets de débit.

Il faut donc ramener toutes les marchandises à la même unité, le mètre cube en grume, ce qui peut se faire avec une approximation suffisante quand on connaît la densité moyenne de chaque espèce de marchandises et les déchets moyens de fabrication de celles qui nous arrivent ou que nous expédions débitées.

En effectuant ce calcul (voir aux annexes le tableau n° 14), on constate que, dans la période quinquennale 1894 à 1898, nos importations annuelles sont exprimées par un volume en grume de 3,828,840 mètres cubes et nos exportations par un volume de 1,492,170 mètres cubes, d'où résulte un déficit de production forestière de 2,336,670 mètres cubes.

Ce déficit porte uniquement sur les marchandises que les tableaux des douanes appellent les bois communs. Il est inférieur au déficit réel, car, dans la même période, nous avons eu un excédent moyen d'importation de 122,000 tonnes de pâtes de cellulose dont la fabrication avait exigé la mise en œuvre d'environ 700,000 mètres cubes de bois.

Notre déficit de bois d'œuvre doit donc être porté à 2,336,670 mètres cubes + 700,000 mètres cubes = 3,036,670 mètres cubes, soit en nombre rond 3 millions de mètres cubes.

C'est, à peu près, la moitié de la production de l'ensemble des forêts de France (bois de l'État, des communes, des établissements publics et des particuliers), qui ne paraît pas dépasser 6 millions de mètres cubes.

La nécessité d'augmenter le rendement de nos forêts en bois d'œuvre est donc bien évidente.

Dans quel sens faut-il augmenter ce rendement? Quelles sont les marchandises demandées plus spécialement par la consommation?

Le tableau comparé des cubes en forêt, correspondant aux importations et aux exportations (tableau n° 14), va nous l'apprendre.

Le déficit le plus considérable porte sur les bois équarris ou sciés, d'essences diverses. Ce sont, en grande partie, des bois résineux venant de Russie, de Suède, de Norvège et d'Amérique du Nord, débités dans des arbres de 100, 150 ou même 200 ans. Leur excédent d'importation correspond à 2,800,000 mètres cubes. On en appréciera l'importance par ce fait que les 3 millions d'hectares gérés par l'Administration des eaux et forêts (bois de l'État, des communes et des établissements publics) ne produisent annuellement que 1 million à 1,100,000 mètres cubes de bois résineux.

Nous importons aussi 227,000 mètres cubes de bois résineux, propres à la fabrication de la pâte de cellulose.

Nous avons sur les chênes équarris, les sciages et les merrains de chêne un excédent d'importation de 428,000 mètres cubes.

Comme ce sont des produits dont le débit ne se fait avantageusement que dans les chênes de belles dimensions, on peut en conclure que nous n'élevons pas assez d'arbres de cette catégorie.

Par contre, les traverses de chemins de fer, chêne et essences diverses, que l'on fabrique avec des bois de dimensions moyennes et de seconde qualité, ont un excédent d'exportation de 70,000 mètres cubes.

Enfin les bois bruts d'essences diverses et les perches et étançons de mines nous présentent un excédent d'exportation de 1,040,000 mètres cubes, absorbé surtout par les houillères anglaises et belges. Ce sont, en grande majorité, des perches de taillis ou des résineux crus dans les Landes ou sur les dunes de l'Océan. Leur production est, certainement, très préférable à celle des bois à charbon et doit être fortement encouragée, mais elle est très inférieure, en qualité et valeur, à celle des sciages de sapin ou d'épicéa, des sciages et des merrains de chêne.

A l'heure actuelle, l'état de la production forestière en France, envisagée par rapport à la demande du marché intérieur, se résume donc comme il suit :

Excès de bois de feu et de bois d'œuvre de petites dimensions;

Insuffisance notoire des résineux et des chênes de fortes dimensions.

ESPAGNE ET PORTUGAL.

Les géographes font ressortir le caractère africain du relief de la péninsule ibérique, qui se présente sous forme d'un plateau, d'une altitude moyenne de 700 mètres, bordé par des terrasses montagneuses très élevées et parcouru par une série de chaînes qui le découpent en compartiments.

Les fleuves y ont un débit irrégulier, car on ne trouve à la tête de leurs bassins ni grands lacs, ni glaciers, et les pluies sont inégalement réparties entre les diverses saisons. A une période de basses eaux succèdent fréquemment des inondations.

Il faudrait donc que l'Espagne et le Portugal eussent de grandes masses boisées, constituées en essences à couvert épais, faisant l'office de régulateurs pour le débit des cours d'eau.

Il n'en est pas ainsi.

On attribue, il est vrai, à l'Espagne une surface forestière qui serait d'environ 6,500,000 hectares, soit 13 p. 100 du territoire et 37 ares par habitant. Mais ces forêts doivent être peu productives en matière ligneuse, car, en examinant les statistiques douanières, on constate que les importations de bois sont très supérieures aux exportations.

Il ne s'ensuit pas que les forêts de l'Espagne soient sans valeur et sans utilité. Elles satisfont à la consommation locale sur bien des points et elles donnent, en quantités considérables, du liège très apprécié à l'étranger, qui, en 1898, a fait l'objet, à l'état brut ou à l'état façonné, d'exportations s'étant élevées à la somme de 31,800,000 francs.

Le déficit de la production de bois d'œuvre en Espagne, calculé en 1888 et 1898, s'établit comme il suit (voir aux annexes les tableaux n°s 15 et 16):

1888.	Importations	29,020,700 francs.
	Exportations	1,534,423
	Excédent des importations	27,486,277
1898.	Importations	30,330,590 francs.
	Exportations	810,544
	Excédent des importations	29,520,046

L'augmentation, à dix ans de distance, est médiocre. Cela tient aux événements malheureux survenus pour l'Espagne en 1898. Maintenant que ce pays a devant lui une longue période de paix, il va pouvoir mettre activement en exploitation les richesses minérales de son sous-sol, donner une vive impulsion à ses industries, et on verra, avant peu d'années, sa consommation de bois d'œuvre prendre une grande extension[(1)].

Le cube des importations et exportations de 1898 a été approximativement :

Importations (13,140,000 douelles)	50,000 mèt. cub.
Bois divers	282,000
Total des importations	332,000
Exportations (20,263,596 kilogrammes)	32,000
Excédent des importations	300,000

Le cube en forêt correspondant à ces importations peut être évalué, au minimum, étant donnée la proportion assez forte des douelles de chêne, à 400,000 mètres cubes.

Les renseignements donnés sur la contenance des forêts du Portugal, dans les documents que j'ai pu consulter, sont peu concordants. Il semble cependant que cette surface ne doive guère dépasser 450,000 à 500,000 hectares.

Quoi qu'il en soit, sa production en bois d'œuvre est fort insuffisante, car l'excédent des importations sur les exportations, en 1897[(2)], est notable.

On a en effet :

Valeur des importations	5,705,874 francs.
Valeur des exportations	705,265
Excédent des importations	5,000,609

[(1)] Les résultats provisoires du commerce de l'Espagne en 1899 indiquent que l'importation du bois (bois d'œuvre, bois à brûler et charbon de bois) s'est élevée à 53 millions, en augmentation de 20 millions sur 1898. (*Bulletin de statistique et de législation comparée*, février 1900.)

[(2)] La statistique de 1898 n'est pas encore parvenue au Ministère du commerce

Le cube des importations (en négligeant les mâts d'embarcations) a été :

Douelles (3,448,000 pièces), soit..........	13,400 mèt. cub.
Poutres, poutrelles, planches..............	52,268
Total......................	65,668

équivalant environ à un total de 100,000 mètres cubes en grume.

Celui des exportations ne peut être calculé, la plupart des marchandises étant exprimées les unes en pièces, les autres en mètres courants.

Le liège paraît être le produit le plus rémunérateur des forêts du Portugal. Il a donné lieu, en 1897, à une exportation, à l'état brut ou façonné, d'une valeur de 20,750,000 francs.

ITALIE.

Encadrée au nord par les Alpes, traversée dans toute sa longueur par l'Apennin, l'Italie est, en général, un pays de montagnes et de collines. On n'y rencontre qu'une grande plaine, celle de Lombardie.

Les Alpes sont très facilement affouillables par les eaux courantes; les Apennins, qui constituent l'arête orographique la plus récente de l'Europe, ne le sont pas moins. Aussi tous les cours d'eau d'Italie déposent-ils à leur embouchure des matériaux arrachés à leurs bassins de réception, formant ainsi des deltas qui se transforment trop souvent en marécages malsains.

Ces conditions fâcheuses ont été aggravées par le déboisement de l'Italie, commencé dès l'antiquité, poursuivi à travers les siècles et qui a amené ce pays à ne plus avoir actuellement que 4,093,000 hectares de forêts, sur une surface totale de 28,664,800 hectares, soit 14 p. 100.

D'une manière générale, les forêts italiennes sont pauvres en bois d'œuvre. D'après une évaluation faite en 1886, elles n'en fourniraient par an que 1,374,000 mètres cubes[1]. Leur principale production consiste surtout en bois de feu et surtout en charbon de bois, marchandise de plus en plus dépréciée; la douane italienne, qui lui attribuait une valeur de 80 francs la tonne en 1879, ne l'estime plus, en 1898, que 60 francs la tonne à l'importation et 48 francs à l'exportation.

L'Italie ne produit donc pas assez de bois d'œuvre pour sa consommation. Son déficit est relativement beaucoup moins fort que ceux de l'Angleterre, de l'Allemagne, de la France, de la Belgique. On se l'explique facilement, puisque l'Italie n'a ni les richesses minérales, ni les grandes industries de ces diverses nations.

Les importations et exportations de bois d'œuvre, en 1888 et 1898, ont été (voir aux annexes les tableaux nos 18 et 19) :

		QUANTITÉS. tonnes.	VALEURS. francs.
1888.	Importations	473,683	31,646,810
	Exportations	62,805	3,778,875
Excédent des importations.		410,878	27,867,935

		QUANTITÉS. tonnes.	VALEURS. francs.
1898.	Importations	487,960	35,262,298
	Exportations	67,762	4,130,762
Excédent des importations.		420,198	31,131,536

L'excédent des importations de 1898 correspond à 700,000 mètres cubes de bois en partie débités et à 900,000 mètres cubes en grume.

[1] *Annuario statistico italiano*, 1898.

GRÈCE.

Les neuf dixièmes du territoire de la Grèce sont occupés par des montagnes. Les cours d'eau sont à pente rapide et la plupart d'entre eux ont le caractère de torrents que les pluies d'automne et d'hiver gonflent rapidement et que les sécheresses de l'été réduisent à l'état de simples ruisseaux.

Dans l'antiquité, les nombreuses cités échelonnées sur les rivages si découpés de la Grèce et dans les îles de l'Archipel possédaient à la fois une marine marchande, composée de vaisseaux courts, presque ronds, manœuvrés à la voile, et une marine de guerre, formée par des vaisseaux longs, allant à la rame. Dans tous les ports existaient des chantiers de construction alimentés par les bois descendus des montagnes voisines.

C'est donc grâce à ses forêts que la Grèce ancienne put étendre son commerce et fonder des colonies sur tout le pourtour de la Méditerranée. C'est grâce à elles que Thémistocle put mettre en ligne à Salamine 378 vaisseaux à trois rangs de rames, appartenant à 18 cités différentes, sans compter ceux de moindres dimensions [1], et sauver la liberté de sa patrie et l'indépendance du monde occidental.

Aujourd'hui, ces forêts, autrefois étendues et riches en bois d'œuvre, ou bien n'existent plus, ou sont en voie de destruction.

Exploitées sans modération, menacées par les incendies et le pâturage, elles finiront par disparaître si des mesures énergiques ne sont pas prises à bref délai pour assurer leur conservation et leur amélioration. On leur attribue une surface de 830,000 hectares, qui représenterait une proportion de 13 p. 100 sur l'étendue totale du pays. Ce serait fort insuffisant pour une région aussi ac-

[1] *Hérodote,* livre VIII, § XLIII et suivants.

cidentée, quand bien même il s'agirait de forêts en excellent état.

En 1897, dernier exercice connu (voir aux annexes les tableaux nos 20 et 21), les importations de bois d'œuvre, en Grèce, ont porté sur 42,279 mètres cubes et 5,749,809 kilogrammes, soit au total 51,862 mètres cubes, représentant une valeur de 3,272,432 francs.

Quant aux exportations, elles n'ont compris que 38,310 kilogrammes, soit 64 mètres cubes, valant 3,910 francs.

L'excédent des importations a donc été de 51,798 mètres cubes, d'une valeur de 3,268,522 francs. Il équivaut à 65,000 mètres cubes en grume.

TURQUIE.

La situation forestière de la Turquie n'est pas meilleure que celle de la Grèce. L'incurie des hommes, les ravages des bestiaux n'y sont pas moindres et, s'il existe encore, en quelques points reculés, des forêts capables d'enrichir des spéculateurs, l'ensemble du pays est très appauvri.

La Turquie doit donc être classée parmi les États dont la consommation de bois d'œuvre est supérieure à la production normale.

En l'absence de statistiques commerciales officielles, il ne m'est pas possible d'établir, comme je l'ai fait précédemment, le bilan des importations et des exportations.

BULGARIE.

La Bulgarie occupe les deux versants de la chaîne des Balkans. On pourrait donc supposer qu'elle possède de vastes forêts. Il en fut ainsi pendant longtemps. Mais la destruction a été si active au cours des derniers siècles que les forêts de la Bulgarie ne suffisent plus à ses besoins.

L'excédent des importations, en 1898, s'établit comme il suit (voir aux annexes le tableau n° 22) :

	QUANTITÉS.	VALEURS.
	kilogr.	francs.
Importations	58,133,502	3,094,830
Exportations	13,838,345	845,337
EXCÉDENT des importations.	44,295,157	2,249,493

L'excédent des importations correspond à un volume de 73,000 mètres cubes, équivalant à 90,000 mètres cubes en grume. C'est beaucoup pour une population peu dense, adonnée principalement à l'agriculture.

SERBIE.

On attribue à la Serbie une étendue de forêts de 2,090,000 hectares, qui, comparée à la surface totale du pays, 4,855,500 hectares, représenterait un taux de boisement de 42 pour cent.

Il faut supposer que ces forêts sont très peu accessibles, ou déjà fort épuisées par des abus de toutes sortes, car les statistiques officielles permettent de constater un excédent d'importation des bois d'œuvre.

On a en effet (voir aux annexes le tableau n° 23) :

	QUANTITÉS.	VALEURS.
	mètres cubes.	francs.
Importations	28,965	756,561
Exportations	8,003	394,235
EXCÉDENT des importations	20,962	362,326

L'excédent de volume importé peut être traduit, en volume en grume, par 35,000 mètres cubes.

Ici prend fin la revue des pays européens importateurs de bois d'œuvre. Ils comprennent l'Europe occidentale et méridionale et une partie de l'Europe centrale. Leur superficie totale est de 267 millions d'hectares et leur population, de 215 millions d'habitants, représente 57 p. 100 de la population totale du continent et de ses îles.

Leur ensemble se compose de toutes les nations dont la population est la plus dense, l'industrie la plus florissante, le commerce le plus actif, de celles qui produisent en plus grande abondance le fer et la houille, de celles, enfin, qui furent le siège des plus anciennes et des plus brillantes civilisations.

On entrevoit le danger qui les menace, puisque leur prospérité, l'avenir de leur commerce et de leur industrie sont sous l'étroite dépendance des pays exportateurs.

L'examen des ressources de ces pays va démontrer l'imminence de ce danger.

AUTRICHE-HONGRIE.

La surface territoriale de l'Empire austro-hongrois est de 62,490,000 hectares, savoir :

Autriche	30,020,000 hectares.
Hongrie	28,220,000
Croatie-Esclavonie	4,250,000

Les forêts ont une étendue de 18,780,000 hectares :

Autriche	9,710,000 hectares.
Hongrie	7,540,000
Croatie-Esclavonie	1,530,000

Le taux de boisement est donc, pour l'ensemble de l'Empire, de 30 p. 100; pour l'Autriche, de 32.3 p. 100; pour la Hongrie, de 26,7 p. 100; pour la Croatie-Esclavonie, de 36 p. 100.

La population étant, d'après le dénombrement de 1890, pour l'ensemble, de 41,358,000 habitants,

Pour l'Autriche	23,895,000 habitants.
Pour la Hongrie	15,262,000
Pour la Croatie-Esclavonie	2,201,000

l'étendue boisée par habitant est, pour l'ensemble de 45 ares: pour l'Autriche, de 41 ares; pour la Hongrie, de 49 ares; pour la Croatie-Esclavonie, de 69 ares.

Ces diverses proportions, très supérieures à celles que l'on constate, tant en France qu'en Allemagne, assurent à l'Autriche-Hongrie une production forestière supérieure à ses besoins et lui permettent d'exporter des bois d'œuvre.

La production ligneuse totale annuelle (bois d'œuvre et bois de feu) est évaluée à :

Pour l'Autriche[1]	27,500,000 mèt. cub.
Pour la Hongrie et la Croatie-Esclavonie[2].	28,500,000

En Autriche, on estime que le bois d'œuvre forme les 47 centièmes du volume total. C'est une proportion considérable; on peut l'expliquer néanmoins en considérant, d'une part, que les 70 centièmes de la surface des forêts d'Autriche sont peuplés de résineux et, d'autre part, que la moitié des forêts feuillues est traitée en futaie. L'Autriche produirait donc annuellement 12,900,000 mètres cubes de bois d'œuvre.

En Hongrie et Croatie-Esclavonie, la proportion des bois d'œuvre dans l'ensemble de la production n'est pas indiquée. En assimilant la totalité des forêts aux massifs domaniaux de la même région, qui donnent un tiers de bois d'œuvre et deux tiers de bois de feu, on obtient une approximation qui est plutôt au-dessus

(1) *Forst und Jagd Statistik*, Vienne, 1896.

(2) *Description économique et commerciale des forêts de l'État hongrois*, Buda-Pest, 1896.

qu'au-dessous de la vérité. Cette hypothèse conduit à attribuer aux forêts de Hongrie et Croatie-Esclavonie une production annuelle de bois d'œuvre de 9,500,000 mètres cubes.

Ce chiffre est moins élevé que celui qui est réalisé en Autriche sur une surface peu différente; mais la répartition des essences dans les forêts de Hongrie et Croatie-Esclavonie (chêne, 0.27; hêtre et feuillus divers, 0.52; résineux, 0.21) est moins favorable à la production des bois d'œuvre.

Le rendement de l'ensemble de l'Empire serait donc, au total, de 22,400,000 mètres cubes, soit 1 m. c. 19 par hectare. Ce rendement est certainement un maximum, car il dépasse à la fois celui des forêts de l'État en France qui, élimination faite de toutes les surfaces improductives, est de 1 m. c. 07, et de celui de l'ensemble des forêts du royaume de Prusse que l'on estime à 0 m. c. 81.

Les relevés des importations et exportations de bois d'œuvre, effectués à dix ans de distance, en 1888 et 1898, donnent les résultats suivants (voir aux annexes les tableaux n°s 24 et 25) :

		QUANTITÉS.	VALEURS.
		quintaux.	francs.
1888	Importations	963,367	5,885,399
	Exportations	18,923,583	120,077,721
EXCÉDENT des exportations.		17,960,216	114,192,322

		QUANTITÉS.	VALEURS.
		quintaux.	francs.
1898	Importations	1,724,122	5,659,809
	Exportations	33,487,823	204,195,354
EXCÉDENT des exportations.		31,763,701	198,535,545

Les exportations se sont développées considérablement; leur excédent a augmenté de 13,803,485 quintaux. L'Autriche-Hongrie a répondu ainsi à la demande de plus en plus grande qui lui a été faite par les pays importateurs, et principalement par l'Allemagne.

Sera-t-elle en mesure de continuer, dans l'avenir, à augmenter ses ventes à l'étranger ?

Je ne le pense pas. Les exportations me paraissent être arrivées assez près de leur maximum, à moins que, mettant de côté tout souci au sujet de la conservation des forêts et de leur rendement futur, on n'entame le capital ligneux.

J'ai donné précédemment, comme évaluation de leur production en bois d'œuvre, 22,400,000 mètres cubes.

Si l'on recherche quel a été le cube en grume correspondant à l'excédent d'exportation de 1898, on trouve, comme résultat, 6,800,000 mètres cubes (voir aux annexes le tableau n° 26).

Il est donc resté pour la consommation intérieure : 22,400,000 mètres cubes — 6,800,000 mètres cubes = 15,600,000 mètres cubes.

Pour une population de 41,358,000 habitants, c'est certainement un beau chiffre, qui peut encore laisser une certaine marge à l'augmentation des exportations. Remarquons cependant que l'Angleterre, avec une population un peu moindre que celle de l'Autriche-Hongrie, a été obligée d'importer en moyenne, dans la dernière période quinquennale, l'équivalent de 15 millions de mètres cubes en grume; que l'Allemagne, malgré ses 14 millions d'hectares de forêts, a eu, en 1898, un excédent d'importation correspondant à 9 millions de mètres cubes.

Il y a donc lieu de supposer que l'Autriche-Hongrie ne pourrait maintenir ses exportations au taux actuel ou les développer quelque peu qu'à la condition que son commerce, son industrie, sa population restassent stationnaires.

Mais il en est tout autrement. Des progrès très marqués se font actuellement en Autriche-Hongrie dans toutes les branches de l'activité économique; les industries extractives, comme les industries chimiques ou mécaniques, prennent un vif essor. Le taux de la natalité est élevé et la population croît rapidement.

Ce serait, par conséquent, se faire illusion que de voir dans les forêts d'Autriche-Hongrie une réserve inépuisable. Cette réserve est menacée par le développement de la consommation intérieure et peut-être par une réduction de la production, si les propriétaires de forêts, n'ayant pas la sagesse de résister à la tentation que leur présentent les facilités plus grandes d'écoulement des marchandises et l'augmentation des prix sur place qui en est la conséquence, appauvrissent leurs massifs boisés.

Les craintes que j'exprime sont partagées par une autorité très compétente, M. de Bedö, ancien directeur général des forêts de Hongrie. Dans son grand ouvrage, consacré à la description économique et commerciale des forêts de l'État hongrois, il s'exprime en ces termes : « L'État hongrois ne possède pas d'excédents de production et de provisions qui pourraient permettre, en général et pour de longues années, un accroissement de la consommation; au contraire, dans une grande partie des forêts, il se fait sentir un manque de provisions auquel il serait utile de suppléer. »

NORVÈGE.

Habitée par un peuple de navigateurs, se trouvant en facile communication par mer avec les nations réclamant des bois d'œuvre, la Norvège a depuis longtemps fait appel à ses forêts pour alimenter son commerce extérieur. Ses bois permettant aux vaisseaux quittant ses ports de partir toujours chargés, elle était dans les meilleures conditions pour développer sa marine marchande. Aussi celle-ci est-elle une des plus importantes de l'Europe. Son effectif, qui compte 1,550,000 tonneaux, est égal à celui de l'Allemagne et dépasse de plus de 50 p. 100 celui de la France.

Malheureusement, la Norvège a demandé à ses forêts plus qu'elles ne pouvaient produire et les a appauvries.

Leur surface est de 6,818,000 hectares, ce qui, par rapport à l'étendue totale du pays (32,296,800), ne donne qu'une proportion de 21 p. 100. C'est trop peu pour une région dont les deux tiers sont occupés par des rochers, des marais, des bruyères, des glaciers, etc. Les 86 centièmes de ces forêts appartiennent à des particuliers qui les exploitent sans aucun souci de l'avenir, car aucune disposition légale n'apporte d'entrave à leur mode de jouissance. Les communes elles-mêmes sont libres de ne pas laisser soumettre leurs bois à la tutelle de l'Administration forestière.

Il y a donc tout lieu de croire que les exportations de bois d'œuvre de Norvège diminueront d'importance dans un délai rapproché. Elles sont d'ailleurs moins considérables qu'on ne le suppose généralement et, malgré l'accroissement de la demande de la part des pays importateurs constaté depuis dix ans, l'excédent *en volume* des exportations sur les importations n'a pas augmenté. On peut en juger par la comparaison, donnée ci-après, des résultats du commerce extérieur des bois d'œuvre en 1888 et 1898 (voir aux annexes les tableaux n°s 27, 28, 29 et 30) :

		QUANTITÉS. — mètres cubes.	VALEURS. — francs.
1888	Importations	293,500	6,247,933
	Exportations	1,802,837	43,469,579
	Excédent des exportations.	1,509,387	37,221,646

		QUANTITÉS. — mètres cubes.	VALEURS. — francs.
1898	Importations	369,000	7,966,296
	Exportations	1,848,882	54,678,723
	Excédent des exportations.	1,479,882	46,712,427

L'excédent des exportations de 1898, qui se compose en grande partie de bois sciés, équivaut à 2 millions de mètres cubes en grume.

Ce ne sont pas seulement les exploitations de bois d'œuvre qui appauvrissent les forêts de Norvège. Elles souffrent, depuis une vingtaine d'années, d'une autre cause de ruine, qui est la fabrication de la pâte de cellulose.

Tant qu'on ne trouvait à vendre avantageusement au dehors que les bois de charpente et les sciages, on se bornait à enlever les gros arbres et on laissait sur pied ceux de petites dimensions qui reconstituaient peu à peu les forêts. Mais la pâte à papier pouvant être fabriquée avec de jeunes arbres, on est actuellement incité à réaliser dans les exploitations tout le matériel sur pied.

Les chiffres qui suivent permettent d'apprécier l'importance croissante de cette fabrication en Norvège.

En 1875, les exportations ne s'élevaient qu'à 8,500 tonnes valant 944,000 francs; en 1888, elles atteignaient déjà 162,455 tonnes valant 12,738,000 francs; enfin, en 1898, elles sont arrivées à 315,274 tonnes valant 24,050,000 francs. On peut évaluer à 1,400,000 mètres cubes la quantité de bois en grume qui a dû être employée pour produire la pâte exportée en 1898.

SUÈDE.

En Suède, les forêts, dont la contenance est de 18,200,000 hectares, couvrent les 40 centièmes de l'étendue territoriale du pays. Peuplées principalement d'épicéas et de pins, elles fournissent des produits très appréciés, ayant à la fois solidité, souplesse et légèreté. Leur rendement est assez élevé, sauf dans la partie supérieure des montagnes et dans l'extrême Nord, où leur croissance est ralentie. Elles paraissent en bien meilleur état que celles de Norvège, et le gouvernement se préoccupe de leur conservation. Dans les provinces septentrionales, il est interdit aux particuliers de couper, pour la vente, des bois ayant moins de 8 pouces de diamètre à 5 pieds du sol. Il a été question de prendre des dispositions analogues pour les autres provinces. Ce serait fort sage, car les forêts sont la principale richesse de la Suède, l'aliment de son industrie et de son commerce extérieur. Leur disparition ou même leur simple appauvrissement seraient un désastre pour le pays.

La Suède constitue donc, au moins provisoirement, une belle réserve forestière. Mais il est à craindre qu'on ne puisse pas lui demander dans l'avenir beaucoup plus que ce qu'elle fournit actuellement à l'exportation, et qu'elle ne soit pas en état de combler le déficit qui résultera, avant peu, de l'augmentation de la consommation dans les pays importateurs et de la réduction probable des exportations de Norvège et d'Autriche-Hongrie. Il ne faut pas oublier non plus qu'en Suède la rigueur du climat et la faible production de combustibles minéraux conduisent à consommer beaucoup de bois et que, malgré un courant d'émigration assez actif, la population tend à augmenter.

La comparaison des importations et des exportations de bois d'œuvre, en 1888 et 1898, donne les résultats suivants (voir aux annexes les tableaux n°s 31, 32, 33 et 34) :

		QUANTITÉS. — mètres cubes.	VALEURS. — francs.
1888	Importations	32,827	976,926
	Exportations	5,319,352	151,143,776
	Excédent des exportations.	5,286,525	150,166,850

		QUANTITÉS. — mètres cubes.	VALEURS. — francs.
1898	Importations	177,404	4,706,854
	Exportations	6,547,148	202,884,012
	Excédent des exportations.	6,369,744	198,177,158

L'excédent d'exportations de 1898 peut être évalué à 9 millions de mètres cubes en grume.

Ce chiffre énorme est cependant fort inférieur aux besoins annuels de l'Angleterre qui, comme on l'a vu précédemment, se traduisent par une importation équivalant à 15 millions de mètres cubes en grume.

La fabrication de la pâte de cellulose a pris aussi une grande extension en Suède. Les exportations de cette marchandise, qui s'élevaient, en 1888, à 38,473 tonnes, ont atteint, en 1898, 181,474 tonnes, d'une valeur de 21,574,000 francs.

Les exportations de pâtes de Norvège se composent en majorité de pâtes humides; celles de Suède, au contraire, comprennent une forte proportion de pâtes sèches; elles ont donc, à poids égal, une valeur plus grande et exigent l'emploi d'un cube plus grand. Le volume correspondant aux exportations de Suède, en 1898, doit être d'environ 1 million de mètres cubes.

FINLANDE.

Le grand-duché de Finlande, qui appartient à la Russie depuis 1809, a possédé jusqu'à présent une administration distincte. Je lui consacre donc un article spécial, fort justifié d'ailleurs par l'importance de ses forêts.

Le sol de la Finlande, constitué par des terrains primaires et des granites, forme un plateau ondulé, parsemé de lacs innombrables.

Les forêts occupent une surface de 22,500,000 hectares, égale aux soixante centièmes de l'étendue totale du pays. On pourrait croire qu'en se bornant à exploiter leur production annuelle on donnerait à la fois une large satisfaction aux besoins des 2 millions et demi d'habitants de la Finlande et un aliment aux exportations. Il n'en est rien cependant. La consommation pour les clôtures, les constructions, le chauffage atteint des proportions dont il n'y a peut-être d'exemple nulle part, si ce n'est au Canada. On dit que chaque habitant brûle en moyenne 7 mètres cubes de bois par an. En même temps, les exportations ont pris un tel développement qu'on constate déjà dans les forêts de Finlande quelques signes indiquant une diminution de richesse. Les gros arbres deviennent moins abondants. Alors que pour produire un stantard de bois scié, il suffisait, en 1889, d'employer 33 tronces 9 dixièmes, on a dû, en 1896, débiter en moyenne 40 tronces[1].

Comme beaucoup d'autres forêts d'Europe, celles de Finlande entrent dans une période où il faudra songer sérieusement à régler leurs exploitations sur leur production normale, sans toucher au capital ligneux, sous peine d'en compromettre le rendement futur.

Les exportations de bois d'œuvre se sont élevées, en 1898, à 3,315,389 mètres cubes, valant 89,010,380 francs (voir aux annexes le tableau n° 35).

Les importations des mêmes produits ont été insignifiantes. Leur volume n'est pas indiqué dans les relevés des douanes. Leur valeur n'a été que de 771,984 francs.

Le cube en grume correspondant aux exportations est d'environ 4,500,000 mètres cubes.

La fabrication de la pâte de cellulose est, jusqu'à présent, moins importante en Finlande qu'en Suède et en Norvège. Elle a cependant fourni, en 1898, une exportation de 20,400 tonnes de pâte et 21,800 tonnes de carton. En 1877, l'exportation totale de ces marchandises ne se montait qu'à 3,600 tonnes.

RUSSIE.

En 1897[2], la Russie a exporté pour 146,239,495 francs de bois : 144,233,100 francs de bois d'œuvre et 2,006,395 francs de bois à brûler (voir aux annexes le tableau n° 36).

Dans la même année, la valeur des importations a été de 12,207,368 francs (voir aux annexes le tableau n° 37).

[1] Rapport de M. Evensen, gérant du consulat de France à Helsingfors, 6 mars 1899 (*Moniteur officiel du commerce*, 1er juin 1899).

[2] La statistique de 1898 n'est pas encore parvenue au Ministère du commerce.

La statistique commerciale russe ne fait pas d'article spécial pour les importations de bois à brûler; elle les confond avec les bois d'œuvre bruts. On peut admettre qu'elles ont à peu près la même valeur que les exportations des mêmes produits, car le commerce extérieur des bois de feu consiste principalement en échanges à courtes distances faits le long des frontières de terre. Dans cette hypothèse vraisemblable, l'excédent d'exportation des bois d'œuvre serait égal à la différence des exportations et importations totales, 146,239,495 francs — 12,207,368 francs, soit, en nombre rond, à 134 millions de francs.

Les tableaux des douanes ne donnent que les valeurs, sans indiquer les cubes qui leur correspondent.

Il est possible, cependant, de se faire une idée approximative de ces cubes en constatant que les quatre-vingt-sept centièmes des bois russes sont achetés par la Belgique, l'Angleterre, l'Allemagne et la France et en recherchant dans les statistiques de ces quatre pays les quantités de bois venues de Russie en 1897.

En procédant ainsi, on voit que ces puissances ont reçu :

Belgique	416,400 mèt. cub.
Angleterre (2,314,400 loads), soit	3,274,800
Allemagne (16,726,500 quintaux), soit	2,787,700
France (496,300 tonnes), soit	827,100
TOTAL	7,306,000

L'exportation des bois d'œuvre de Russie a donc été, au minimum, en 1897, de 7,300,000 mètres cubes, en grande partie débités, qui correspondent à 10 millions de mètres cubes en grume.

Il est peu probable que les ressources des forêts russes soient susceptibles de maintenir indéfiniment une exportation aussi forte.

L'étendue des forêts de Russie d'Europe et Pologne (à l'exclusion de la Finlande) ne paraît pas dépasser 160 millions d'hectares. La superficie totale étant de 501,600,000 hectares (Russie,

488,900,000; Pologne, 12,700,000), le taux de boisement serait d'environ 32 p. 100. Il serait, par conséquent, un peu supérieur à celui de l'Autriche-Hongrie, mais inférieur à ceux de la Finlande et de la Suède. La répartition des forêts sur l'ensemble du territoire est très inégale. Très étendues dans les gouvernements du Nord, elles sont de densité moyenne dans ceux du Centre et trop faiblement représentées dans ceux du Sud.

La Russie est le pays d'Europe dont la population s'accroît le plus rapidement. Sous le règne de Pierre le Grand, en 1722, elle ne possédait que 14 millions d'habitants; elle en avait 36 millions à la fin du XVIIIe siècle, 65 millions sous Nicolas Ier; enfin elle en comptait 103,600,000 au recensement de 1897 (Russie, 92,200,000; Pologne, 9,400,000).

La consommation du bois y est énorme. Les constructions dans les campagnes sont presque toujours édifiées en bois et les incendies nécessitent de fréquentes reconstructions. La navigation fluviale, très développée dans un pays qui possède un magnifique réseau de voies navigables, conduit à entretenir un nombreux effectif de bateaux. Le climat est rude et le combustible minéral n'est abondant que dans le Sud et en Pologne. Sa production, d'ailleurs, est faible encore. Les extractions n'ont fourni, en 1897, que 10 millions de tonnes, tandis que les mines d'Angleterre en donnaient 205 millions dans la même année.

Les besoins de bois d'œuvre augmentent plus rapidement que la population, car la Russie, qui fut longtemps une nation exclusivement agricole, est en train de devenir un pays de grande industrie. Les progrès faits dans ce sens sont très remarquables. On en jugera par ce seul fait que la production de la fonte, qui n'était que de 286,000 tonnes en 1861, 450,000 tonnes en 1881, est arrivée, en 1897, à 1,871,000 tonnes.

Quant à la production forestière, loin de se développer, elle s'est, au contraire, affaiblie par suite des grandes destructions de forêts qui ont été accomplies dans le courant du siècle.

Les forêts sont encore extrêmement étendues dans le Nord de la Russie, mais leur croissance y est lente et ce serait un grand malheur si, en leur demandant plus qu'elles ne produisent, on affaiblissait l'efficacité du réseau protecteur qu'elles opposent à l'action des vents venant du pôle. La Russie forme une plaine immense, s'étendant sur plus de 2,000 kilomètres de longueur, de l'Océan glacial à la mer Noire, sans être recoupée par des chaînes de montagnes formant abri. Pour atténuer ce que ces conditions topographiques ont de fâcheux pour le climat, et par suite pour l'agriculture, il est de toute importance que le pays soit traversé par des lignes de grandes forêts.

On doit donc s'attendre à ce que les exportations de bois de Russie soient influencées par deux actions agissant dans le même sens et tendant à les réduire : augmentation de la consommation, d'une part, et soins de plus en plus attentifs donnés à la conservation et à l'amélioration des forêts, d'autre part.

Quand, au milieu du siècle prochain, dans cinquante ans seulement, la Russie aura 150 millions d'habitants, quand ses usines métallurgiques, ses filatures, ses industries de toutes sortes auront pris l'extension sur laquelle on doit compter, ses exportations de bois auront cessé et elle sera trop heureuse si, d'ici là, elle a suffisamment ménagé ses forêts pour y trouver des produits ligneux en quantité suffisante.

ROUMANIE.

Sur une étendue totale de 13,100,000 hectares, la Roumanie possède environ 1,800,000 hectares de forêts. Son taux de boisement ne dépasse pas 14 p. 100. C'est donc un pays peu boisé et, s'il a un excédent d'exportation de bois d'œuvre, cela tient à ce que sa population n'atteint encore que 5 millions d'habitants.

Les importations et exportations sont très variables d'une année à l'autre, ce qui indique que les forêts sont exploitées sans aucune règle, et donne des craintes sérieuses pour leur avenir.

Cette irrégularité oblige de faire les comparaisons sur les moyennes de plusieurs années.

De 1894 à 1898 (voir aux annexes le tableau n° 38), les importations de bois d'œuvre ont été en moyenne de 22,638 mètres cubes et 1,576 tonnes, valant 573,406 francs, et les exportations de 46,585 mètres cubes et 48,000 tonnes, valant 5,112,524 francs. Il y a donc eu un excédent d'exportations de 23,947 mètres cubes et 46,424 tonnes, valant 4,539,118 francs.

L'excédent des exportations peut être considéré comme l'équivalent de 120,000 mètres cubes en grume. C'est un bien faible appoint en regard du déficit de production de l'Angleterre, de l'Allemagne, etc.

BOSNIE ET HERZÉGOVINE.

La Bosnie et l'Herzégovine sont très boisées. Les forêts y occupent 2,700,000 hectares, ce qui, par rapport à l'étendue totale des deux provinces (5,100,000 hectares), représente une proportion de 53 p. 100.

Les trois quarts des forêts sont administrées par l'État, soit comme lui appartenant, soit comme étant la propriété d'établissements religieux. Une étendue de 1,200,000 hectares a été affermée à des Sociétés industrielles ou commerciales. C'est certainement un excellent moyen de tirer immédiatement quelques revenus des forêts, mais il est douteux que ce soit le meilleur procédé pour y assurer le rapport soutenu et y conserver un capital ligneux important.

D'après les renseignements transmis par le consul de France, la production annuelle serait actuellement de 1 million de douelles, 250,000 mètres cubes de bois en grume, de bois équarris et de bois de feu, et 800,000 hectolitres de charbon de bois. La plus grande partie de cette production est exportée.

En dehors de l'Europe, il n'y a que dans l'Amérique du Nord où l'on rencontre de vastes massifs forestiers à peuplements denses, économiquement exploitables, fournissant des bois propres aux usages les plus variés, livrables à bon marché dans les ports de l'Océan et de la Méditerranée.

Il reste donc à examiner les ressources forestières des États-Unis et du Canada.

ÉTATS-UNIS.

On n'a que des données approximatives sur la surface des forêts des États-Unis. On l'évalue à un peu moins de 200 millions d'hectares, chiffre considérable quand on l'envisage d'une manière absolue, mais qui, comparé à l'étendue totale de l'Union, — 783 millions 600,000 hectares (non compris l'Alaska et les grands lacs), — ne représente qu'un taux de boisement de 25 p. 100, très peu supérieur par conséquent à celui de l'Allemagne.

La destruction des massifs boisés, commencée depuis trois siècles, se poursuit sans relâche. C'est en vain que des hommes éminents, effrayés de l'avenir que la disparition des forêts prépare à leur patrie, jettent des cris d'alarme. L'intérêt particulier est plus fort que l'intérêt général et, comme l'Union ne possède presque plus de forêts dans la vaste région qui s'étend de l'Atlantique au Mississipi, toute latitude est laissée aux propriétaires de diriger les réalisations à leur gré et d'épuiser en quelques années ce que la nature avait mis si longtemps à produire.

Il est évident qu'au début de l'occupation des États-Unis il fallait, par des défrichements, faire place à la colonisation. Mais les forêts étant aujourd'hui ramenées à une proportion à peine suffisante, il serait plus que temps d'arrêter leur destruction.

Entre le Mississipi et le Pacifique, l'Union possède encore une grande étendue de terres publiques. Mais les forêts y sont trop rares. Elles manquent presque complètement dans les États de la Prairie, sont peu abondantes sur les versants à l'Est et sur les plateaux des Montagnes Rocheuses et ne deviennent considérables qu'aux abords du Pacifique, dans les États du Nord-Ouest. Là, elles étaient et sont souvent encore de toute beauté, peuplées d'arbres résineux de dimensions exceptionnelles. Malheureusement, les exigences de la colonisation, des exploitations sans frein, les abus du pâturage, les incendies les menacent, les épuisent ou les font disparaître. Leur richesse, loin de les protéger, n'est qu'un appât de plus pour les spéculateurs.

C'est dans la région de l'Ouest que l'on a constitué les réserves forestières qui doivent être soustraites aux aliénations.

Elles embrassent 8,400,000 hectares, soit un peu plus de 1 p. 100 de la surface totale des États-Unis. Si donc elles peuvent avoir une action très efficace sur le climat et le régime des eaux dans les États où elles sont assises, leur influence sur la production générale, fussent-elles même deux ou trois fois plus étendues, resterait bien minime.

On se fait peut-être en Europe quelques illusions au sujet de ces réserves. On est moins optimiste en Amérique. Il suffit, pour s'en convaincre, de parcourir le rapport dressé, le 1er mai 1897, au nom du Comité désigné par l'Académie nationale des sciences de Washington pour aller les étudier sur place. Presque partout, les membres du Comité ont constaté des déprédations, des dégâts dus aux incendies ou au pâturage.

On lira avec intérêt quelques courts extraits de ce rapport [1] :

(Page 17) : « A l'exception des limites du Parc national, qui sont effectivement et économiquement surveillées par des détachements de l'armée des États-Unis, votre Comité a été incapable de découvrir quelques indices de sérieux efforts faits par le Gouvernement pour protéger les forêts du domaine public contre les exploitations illégales et le pâturage ou pour prévenir la naissance ou arrêter la propagation des incendies de forêts, si ce n'est à l'extrémité Nord

[1] *Report of the Committee appointed by the National Academy of Sciences*, Washington, 1897.

de la rivière Cascade en Orégon, où, en août, se trouvait un unique agent du Département de l'Intérieur qui s'employait, activement et avec succès, à écarter plusieurs grands troupeaux de moutons qui dévastaient cette réserve depuis plusieurs semaines.

(Page 19) : « Dans toutes les réserves visitées par votre Comité, des traces de déprédation étaient visibles. Dans la réserve du Pacifique, État de Washington, elles se montraient dans les parties supérieures de la forêt, formant ceinture autour du mont Rainier qui, en été, est très fréquenté par les touristes. Ceux-ci mettent souvent le feu à des arbres résineux pour le plaisir de les voir disparaître en soudains jets de flamme. Cette coutume insensée, qui détruit en un moment des arbres vieux de plusieurs centaines d'années, a grandement endommagé la beauté du premier plan d'un des plus nobles et saisissants paysages des États-Unis.

« La réserve forestière de la chaîne des Cascades a beaucoup souffert des incendies de forêts, qui ont détruit une partie considérable de ses meilleurs bois, et du pâturage des moutons, qui a été excessif, principalement sur les pentes sèches du Nord et de l'Est des montagnes.

« La réserve forestière de la Sierra est chaque année envahie par les moutons, qui maintenant atteignent les prairies alpines les plus hautes, leur nombre s'étant accru depuis qu'ils ont été expulsés du Parc national voisin.

(Page 20) : « Dans la réserve du Grand-Canyon, en Arizona, 2 ou 3 milles carrés [1] en un point proche du bord du Canyon, et un mille carré sur un autre point, ont été clôturés par des colons dans les deux dernières années ou depuis l'établissement de la réserve. Des quantités considérables de bois sont coupés pour les usages locaux et des chantiers d'extraction de mines sont établis sur les rampes du Canyon. Durant l'été de 1895, la Compagnie

[1] Le mille carré est égal à 258 hectares 99 ares.

Howard Beef de Flagstaff faisait pâturer 5,000 moutons dans cette réserve.

« Dans la réserve forestière du plateau de la Rivière-Blanche, au Nord-Ouest du Colorado, est installée une scierie alimentée avec des bois coupés dans la réserve, et tous les bois d'œuvre consommés par la ville de Meeker, par les colons de la vallée supérieure de la Rivière-Blanche, ainsi que par une autre scierie placée sur la limite Sud, sont tirés de la réserve.

« Les réserves forestières de Pikes Peak, de Plum Creek, de South Platte ont toutes souffert de terribles incendies qui ont détruit les bois ayant le plus de valeur. Ce qui reste est librement enlevé par les mineurs et les constructeurs de chemins de fer et, en se rendant des sources du Colorado à Crepple Creek, les membres de votre Comité ont vu beaucoup de traverses de chemins de fer, coupées dans la réserve, ouvertement empilées le long du grand chemin. Dans aucune des parties du pays visitées par votre Comité, les droits du Gouvernement sur ses propriétés ne sont aussi méprisés que dans cette région du Colorado, et il est évident que ces pauvres forêts devront, dans les conditions actuelles, disparaître bientôt de toutes les réserves du Colorado. »

Si l'on constate une telle situation dans les forêts qui sont censées être protégées contre toute destruction, que doit-il se passer dans les autres ?

Malgré l'épuisement manifeste de leurs forêts, les États-Unis sont cependant exportateurs de bois, mais c'est uniquement parce qu'ils continuent à dissiper leur capital forestier. M. Fernow, autorité très compétente des États-Unis, estime que, dès à présent, la consommation intérieure suffit pour absorber la production normale des forêts.

Or la population des États-Unis, qui était de 63 millions d'habitants au recensement de 1890, augmente de 2 p. 100 par an. Elle doit être aujourd'hui de 75 millions d'habitants, chiffre très faible encore pour la grande étendue du pays. On peut compter que, dans vingt ans, elle atteindra 100 millions d'habitants. Comme d'ici à cette époque la contenance des forêts aura continué à se réduire, il est certain que l'exportation des bois des États-Unis vers l'Europe aura cessé ou sera tout au moins compensée par des importations de quantités égales demandées au Canada.

Le commerce extérieur des bois d'œuvre communs, pendant l'année fiscale, 1er juillet 1897-30 juin 1898, se résume comme il suit (voir aux annexes les tableaux nos 39 et 40) :

Importations	47,724,341 francs.
Exportations	147,260,909
Excédent des exportations	99,536,568

Les tableaux des douanes des Etats-Unis ne donnant les quantités échangées que pour une partie des marchandises, il n'est pas possible de traduire en volume l'excédent de valeur des exportations.

On remarquera que les importations sont considérables. Dans certains États, voisins de la frontière du Canada, les forêts sont déjà insuffisantes pour la construction et l'industrie et on est obligé de faire venir du bois du dehors. Dans ceux du Sud-Est et du Nord-Ouest, au contraire, les forêts sont moins épuisées, les besoins moins grands et on peut alimenter l'exportation.

CANADA.

Ce n'est qu'au commencement de ce siècle, quand les ports du Nord de l'Europe étaient fermés au commerce anglais par le blocus continental, qu'on installa au Canada des exploitations forestières en vue de l'exportation. Les forêts étaient jusqu'alors restées assez intactes, car la population était faible et les colons ne s'étaient guère éloignés des bords du Saint-Laurent.

La situation actuelle est fort différente. Depuis quatre-vingt-dix ans, de grandes destructions de forêts ont été accomplies, les unes pour faire place à des villes, des villages, des cultures, les autres par le seul fait d'exploitations conduites sans aucun souci de la régénération. Les forêts canadiennes sont principalement peuplées de résineux; or, lorsque, dans de tels massifs, on effectue les abatages sans avoir soin de laisser sur pied un nombre suffisant de porte-graines, les forêts sont ruinées pour toujours ou ne se rétablissent qu'après un très long repos.

Les incendies sont aussi une cause sérieuse de dévastation pour les forêts du Canada. Ils sont occasionnés par la négligence des exploitants, l'imprudence des chasseurs ou des voyageurs qui quittent leurs campements sans en éteindre les feux, le manque de précautions des cultivateurs lorsqu'ils nettoient leurs terres en les écobuant. On estime que les incendies ont détruit beaucoup plus de bois qu'il n'en a été abattu par la hache des bûcherons. Quelques incendies ont atteint des proportions gigantesques. J'emprunte à M. Gifford Pinchot[1] le récit de celui du Miramichi, qui eut lieu en 1825. «Il commença ses plus grands dégâts vers 1 heure de l'après-midi, le 7 octobre, à un endroit situé à 60 milles au-dessus de la ville de Newcastle, sur la rivière Miramichi, dans le Nouveau-Brunswick. Avant 10 heures du soir, il était à 20 milles au-dessous de Newcastle. En neuf heures, il avait détruit une étendue de forêt de 80 milles de long (129 kilomètres) sur 25 milles de large (40 kilomètres). Sur plus de 1 million et demi d'acres (600,000 hectares), presque tous les êtres vivants avaient péri. On trouva même plus tard des poissons morts amoncelés sur les bords de la rivière. 590 bâtiments furent brûlés et plusieurs villes, parmi lesquelles Newcastle, Chatham et Douglastown furent détruites. 170 personnes et près de 1,000 têtes de bétail succombèrent.»

Malgré tout ce qu'elles ont souffert, les forêts du Canada consti-

[1] *A primer of forestry, by Gifford Pinchot*, Washington, 1899.

tuent encore une énorme richesse. Leur surface, évaluée à 323 millions d'hectares, représente près de 38 p. 100 de celle du Dominion. Leur répartition est très inégale. Elles manquent complètement dans les régions septentrionales, situées en dehors des limites de la végétation arborescente, sont peu nombreuses dans les territoires qui font suite à la Prairie des États-Unis, sont extrêmement abondantes sur le versant du Pacifique, dans la Colombie britannique, dont le taux de boisement serait de 75 p. 100, enfin sont fort belles encore dans les provinces de l'Atlantique (Ontario, Québec, Nouveau-Brunswick).

Si grande que soit cette richesse, on aurait tort de la considérer comme inépuisable. Jusqu'à présent, les forêts attaquées étaient les plus belles, les plus vigoureuses, celles dont la croissance était la plus rapide. En remontant vers le Nord, on trouvera des massifs de moins en moins riches, des arbres plus courts, puis on atteindra des peuplements rabougris par la rigueur du climat, auxquels il faudra bien se garder de toucher, car ils constituent une zone d'abri indispensable pour atténuer la rudesse des hivers canadiens, et leur disparition ferait reculer vers le Sud la limite de la végétation forestière et agricole. On ne doit donc pas considérer comme exploitable, ou couverte de belles forêts, la totalité de la surface boisée attribuée au Canada.

Indépendamment de la consommation locale, qui est très élevée, car on l'estime à 40 millions de mètres cubes pour 5 millions d'habitants, le Canada doit, dès à présent, contribuer à alimenter l'Angleterre et les États-Unis, sans compter ce qu'il envoie dans le reste de l'Europe et de l'Amérique. D'année en année, sa clientèle s'étend dans l'Extrême-Orient, en Australie, dans les îles du Pacifique. C'est vers lui que se reporteront les demandes qui ne pourront plus recevoir satisfaction, quand l'Autriche-Hongrie et la Russie se verront forcées de modérer leurs exportations. Les bois du Canada sont donc appelés à trouver des débouchés de plus en plus larges et, si l'on continue les exploitations en abattant de proche en proche la totalité des bois vendables, au lieu de se borner à réaliser la production annuelle, on verra sa richesse forestière décliner rapidement.

Les exportations de bois d'œuvre, pendant l'année 1er juillet 1897-30 juin 1898, ont eu une valeur de 138,294,043 francs (voir aux annexes le tableau n° 41).

Les renseignements donnés par les tableaux statistiques sur les quantités exportées sont trop incomplets pour qu'on puisse calculer le cube qui leur correspond.

L'industrie de la pâte de cellulose est en voie de prendre une extension extraordinaire au Canada. Les exportations de ce produit ont eu, dans les dernières années, les valeurs suivantes :

1890	415,000 francs.
1893	2,000,000
1897	3,845,000
1898	6,276,000

Cette progression est très menaçante pour l'existence des bois jeunes ou d'âge moyen qu'on laisserait sur pied si la fabrication de la pâte ne les réclamait pas.

Les importations de bois d'œuvre faites par le Canada sont faibles. Elles n'ont atteint, dans l'année 1897-1898, qu'une valeur de 11,350,136 francs (voir aux annexes le tableau n° 42). Elles se composent en partie de bois d'un prix assez élevé, venant des États-Unis, servant surtout à la fabrication des meubles et que l'on peut à peine considérer comme des bois communs.

J'ai épuisé la liste des pays possédant encore des ressources forestières les mettant en situation d'exporter des bois d'œuvre.

On jugera peut-être qu'elle est fort incomplète, puisqu'il n'a été question que de l'Europe septentrionale et orientale et de l'Amérique du Nord. L'Asie, l'Afrique, l'Amérique centrale, l'Amérique du Sud, l'Australie ont été laissées de côté.

Ces continents, dont l'exploration est à peine terminée, possèdent sans doute, dira-t-on, de vastes régions boisées, prêtes à s'ouvrir aux exploitants, et où les siècles prochains puiseront pendant longtemps un approvisionnement assuré.

Se le figurer serait une grande erreur, ainsi que je vais chercher à l'expliquer.

ASIE.

L'Asie est, par excellence, le vieux continent. Elle a vu naître, grandir, décliner et disparaître les plus anciennes civilisations. Son sol est parsemé de ruines. Au point de vue forestier, ce n'est pas un pays neuf; c'est presque partout un pays usé.

Dans l'Asie musulmane (Turquie d'Asie, Perse, Turkestan, Afganistan, Arabie), les déserts alternent avec les steppes et les montagnes dénudées, livrées au pâturage des chèvres et des moutons.

Les célèbres forêts du Liban, d'où les Phéniciens tiraient leurs bois de construction navale, ont à peu près complètement disparu. Il en est de même de celles qui formaient la ceinture des bassins de l'Euphrate et du Tigre, et dont les produits se déversaient vers les grandes capitales de Ninive, Babylone, Suse.

Les beaux massifs que le Caucase possédait encore il y a peu d'années sont sérieusement menacés. On semble avoir hâte d'en tirer profit en faisant appel aux exploitants étrangers. Il eût peut-être été plus sage de tâcher de les conserver intacts jusqu'au moment où les industries, qui ne manqueront pas de s'installer dans les vallées, en auront grand besoin.

L'Inde britannique possède à peine la surface boisée nécessaire à ses 287 millions d'habitants. Ses forêts auraient fini par disparaître si, depuis une trentaine d'années, le Gouvernement anglais n'avait pas pris des mesures énergiques pour en assurer la conservation. Elle peut encore exporter 70,000 à 80,000 mètres cubes de bois de teck, venant presque en totalité de Birmanie (voir aux annexes le tableau n° 43); mais ce volume ne représente que le cent cinquantième de la consommation des Iles britanniques.

Dans l'Indo-Chine, on reconnaît aussi qu'il est grand temps d'enrayer les destructions de forêts.

La Chine, où se pressent 380 millions d'habitants, n'a presque pas de bois. Jusqu'à présent, ses importations de bois d'œuvre ont été faibles; elles n'ont eu en 1898 qu'une valeur de 3,626,729 fr. (voir aux annexes le tableau n° 44). Mais un grand changement est à la veille de s'opérer. L'empire chinois s'ouvre, sinon à la civilisation européenne, du moins aux industries de l'Occident. On y trace des chemins de fer; on y bâtit des usines. Son sol renferme de puissants dépôts de houille que l'on commence à exploiter. Le moment approche où la Chine devra importer beaucoup de produits ligneux. Elle les demandera à la Colombie britannique et à l'ouest des États-Unis, et contribuera, par conséquent, à l'épuisement de leurs forêts.

Les 12 millions d'hectares de forêts du Japon pourront, peut-être, s'ils sont soigneusement conservés et aménagés, suffire à la consommation de ses 44 millions d'habitants et à l'alimentation de ses industries dont les progrès sont si étonnants. Mais, on ne doit pas les considérer comme une ressource pour les pays dont la production de bois d'œuvre est en déficit. La population du Japon dépasse de 5 à 6 millions celle de la France et on a vu précédemment que, quoique disposant de 9 millions et demi d'hectares de forêts, nous avons un excédent d'importation équivalant à 3 millions de mètres cubes en grume.

En 1897, les importations de bois ont été, au Japon, légèrement supérieures aux exportations. Les tableaux des douanes donnent, en effet (voir aux annexes le tableau n° 45) :

Importations	1,250,826 francs.
Exportations	909,782
Excédent des importations	341,044

La Sibérie possède de grandes masses boisées, moins considérables cependant qu'on ne le supposerait au premier abord, en comparant sa surface plus grande que celle de l'Europe entière à sa population qui n'est encore que de 5,700,000 habitants. Mais une partie de la Sibérie est en dehors des limites de la végétation ligneuse; une autre, fort considérable, est occupée par de vastes plaines couvertes d'herbes.

C'est surtout dans les régions montagneuses du Sud que se trouvent les forêts. Elles ne paraissent pas avoir, jusqu'ici, donné lieu à des exportations vers l'Europe occidentale. S'il s'en produit à l'avenir il est douteux qu'elles puissent prendre une grande extension.

La Sibérie est, en effet, dans de mauvaises conditions pour expédier économiquement des bois communs vers l'Angleterre, la France ou l'Allemagne. Ses eaux se déversent vers l'Océan glacial par des fleuves gelés une grande partie de l'année. L'Océan glacial lui-même est peu accessible aux navires. Ceux-ci peuvent risquer des voyages longs, coûteux et dangereux pour transporter des marchandises d'une certaine valeur, mais ils auraient le plus souvent trop peu de profits en chargeant des bois. Il est donc permis de croire que l'envoi des bois de Sibérie en Europe occasionnerait de tels frais de transport que la valeur nette des bois en forêt serait à peu près nulle.

Quant au chemin de fer transsibérien, sa longueur du lac Baïkal à la Baltique est d'environ 6,000 kilomètres. En admettant qu'on ne fasse payer aux bois que les frais de traction et d'exploitation, sans aucune rémunération du capital engagé, ces frais, augmentés du fret de la Baltique en Angleterre ou en France, seraient supérieurs au prix auquel les bois pourraient être vendus après leur arrivée à destination.

D'ailleurs, l'ouverture du Transsibérien va permettre à la Sibérie de se peupler, d'exploiter ses immenses richesses minérales. Sa consommation de bois prendra un développement qui dépassera, sans doute, toutes les prévisions.

Le Transsibérien mettra bientôt la Sibérie en communication avec le golfe de Petchili, beaucoup plus rapproché des régions forestières que n'en est l'Europe. Si donc il s'établit un courant d'exportation, ce sera plutôt vers l'Est et le Sud, c'est-à-dire vers la Chine et l'Australie, que vers l'Ouest.

A ces considérations, il convient d'ajouter que, sous le climat extrême de la Sibérie, le maintien de nombreuses forêts est indispensable si l'on veut que le pays reste habitable. Il est à présumer que le Gouvernement russe aura la sagesse de s'opposer à toute mesure qui tendrait à une réalisation rapide des ressources forestières de sa grande possession asiatique.

AFRIQUE.

La distribution des pluies partage l'Afrique en quatre zones parallèles à l'équateur :

La zone de l'Atlas et de ses pentes vers la Méditerranée;
La zone du Sahara;
La zone équatoriale;
La zone de l'Afrique australe.

Les forêts de l'Atlas ont été dévastées par douze siècles d'occupation musulmane. Leurs ressources en bois de construction sont à peine suffisantes pour la population actuelle de l'Afrique du Nord. Leur seule véritable richesse consiste en quelques centaines de milliers d'hectares de forêts de chênes-liège, fournissant un produit utile et recherché, mais ne rentrant pas dans la catégorie de ceux qui font l'objet de cette étude.

Dans la zone du Sahara, les forêts manquent complètement; on ne peut, en effet, donner ce nom aux groupes de végétaux ligneux, sans valeur économique, que l'on rencontre çà et là dans les dépressions. La grande végétation arborescente n'est représentée que par les palmiers cultivés dans les oasis.

L'Égypte se rattache à la zone du Sahara. Elle doit sa fertilité aux pluies équatoriales qui font déborder le Nil. Elle n'a pas de forêts et a importé, en 1897, pour 12,838,000 francs de bois de construction.

Dans la zone de l'Afrique australe (Cap, République d'Orange, Transvaal, etc.), les forêts sont rares. Comme ces régions se prêtent très bien à la colonisation européenne et que, d'autre part, elles renferment de grands gisements minéraux, la consommation du bois y est déjà fort supérieure à la production, bien que la densité de la population soit encore très faible.

C'est ainsi qu'en 1898, les importations de bois d'œuvre dans la colonie du Cap (voir aux annexes le tableau n° 46), ont eu une valeur de 8,742,210 francs, alors que les exportations n'atteignaient que 167,057 francs.

L'Afrique australe doit donc s'ajouter à la liste des régions dont la production forestière est insuffisante.

L'ensemble des trois zones non boisées, ou à forêts trop rares, dont il vient d'être question, forme environ les deux tiers de la surface de l'Afrique.

Il reste la zone équatoriale.

C'est là que l'imagination se représente d'immenses forêts vierges, dont l'exploitation pourra quelque jour nous dispenser d'avoir recours à la Suède ou au Canada.

La réalité est beaucoup moins brillante que l'illusion, car les forêts de l'Afrique équatoriale sont loin d'avoir l'extension et la richesse qu'on leur suppose.

Quand on aborde le continent africain par le golfe de Guinée, on trouve tout le long de la côte entre le 10° de latitude nord et le 4° de latitude sud, une bande boisée de 70 à 100 kilomètres de largeur moyenne, arrosée par les pluies venant de l'Atlantique.

Au delà commencent les savanes, couvertes de grandes herbes et de broussailles qui se prolongent pendant des centaines de kilomètres, à travers le Soudan, le Congo français, le Congo belge jusqu'à la rencontre de la grande forêt qui s'étend sur le bassin supérieur du Congo et de ses affluents.

Il y a donc dans l'Afrique équatoriale deux grandes masses boisées : une forêt côtière et une forêt centrale et, dans l'intervalle, de vastes espaces privés de grands arbres.

Quelle peut être la richesse de ces forêts?

Au point de vue botanique, elle est considérable; le nombre d'espèces qui concourent à la formation des peuplements est fort grand. « Sur un même hectare, on ne peut découvrir que quelques pieds appartenant à la même espèce d'arbres [1] ». Mais qui ne voit que cette richesse botanique est précisément l'opposé de la richesse commerciale, car parmi ces espèces si variées beaucoup n'ont ni les qualités ni les dimensions qui les rendent utilisables; un grand nombre d'entre elles ne sont que des lianes très précieuses, il est vrai, pour la production du caoutchouc, mais de nulle valeur comme bois d'œuvre.

Par suite de ce mélange intime, les arbres commercialement exploitables, noyés au milieu des autres, ne représentent par hectare qu'un volume très faible, et par conséquent qu'une richesse minime.

Pour s'ouvrir un marché d'exportation, il faut pouvoir offrir de grandes quantités de marchandises de même nature, d'un usage très général, et les livrer à bas prix sur les lieux de consommation. Les forêts les plus riches du globe, au point de vue commercial, celles de Suède, sont d'une grande pauvreté botanique; elles n'ont que deux essences principales, le pin sylvestre et l'épicéa.

Les forêts équatoriales renferment, dit-on, beaucoup de bois précieux : bois d'ébénisterie, bois de teinture. Ce ne sont pas ceux que la consommation de l'Europe réclame. L'emploi de ces bois est, en somme, fort restreint; celui du bois de teinture est peut-être à la veille de disparaître devant les progrès de l'industrie chimique

[1] *Guide de la Section congolaise à l'Exposition de Bruxelles-Tervueren*, en 1897.

des couleurs. Les uns et les autres deviendraient invendables s'ils arrivaient en grande masse dans nos ports. Ce qu'il faut aux grandes nations industrielles de l'Europe, ce sont les bois de sciage légers, faciles à travailler, et les bois de mines, qui leur ont été livrés jusqu'à présent à très bon marché par les forêts résineuses de l'Europe et de l'Amérique du Nord; ce sont aussi les bois de tonnellerie que peuvent seuls donner les chênes crus dans des climats tempérés.

Dans les forêts équatoriales, la grande diversité des espèces végétales augmente très notablement les frais d'exploitation puisque, les arbres donnant les produits qu'on recherche étant disséminés, il faut pour les abattre et les enlever, faire place autour d'eux et sur leur passage, en exploitant des produits sans valeur qu'on abandonnera ensuite.

La forêt vierge est une forêt inculte où l'homme n'est jamais intervenu dans la lutte pour la vie entre les diverses espèces végétales, lutte particulièrement intense, en raison de l'excessive chaleur et de la grande humidité. Elle est donc remplie d'arbres morts, d'arbres dépérissants, et renferme un matériel en partie taré, dont l'exploitation donnera lieu à un déchet considérable.

Enfin, une autre considération qui diminue encore la valeur économique des forêts équatoriales est la difficulté des transports.

Dans les pays du Nord, les forêts sont couvertes en hiver d'un manteau de neige durcie, sur lequel on amène les bois à peu de frais au bord des rivières, où ils seront flottés jusqu'aux scieries et aux ports, à la débâcle des glaces.

Rien de pareil dans les forêts équatoriales : le sol, encombré de grandes herbes, d'arbustes, de lianes, souvent marécageux ou détrempé par les pluies, se prête mal à la traite des bois. Il faut ouvrir à grands frais des pistes que la puissance de la végétation fermera quelques mois plus tard.

Les rivières, avec leur régime très variable, les obstacles qui les encombrent, sont peu propres au flottage et beaucoup de bois des forêts vierges étant plus lourds que l'eau, ne peuvent être flottés.

Enfin, on sait que le plateau de l'Afrique centrale vient se terminer brusquement, non loin de la mer, par des pentes rapides, coupées de seuils rocheux, sur lesquelles les fleuves et les rivières cessent d'être navigables. C'est pour éviter cet inconvénient qu'a été construit le chemin de fer du Congo. Son prix de revient a été fort élevé; on est donc obligé de percevoir des tarifs de transport que les voyageurs et les marchandises de valeur sont seuls en état de supporter.

Pour ces divers motifs, il semble qu'on ne doive pas compter sur les prétendues richesses des forêts vierges de l'Afrique pour suppléer à l'insuffisance de production des bois d'œuvre qui se manifeste de plus en plus en Europe.

AMÉRIQUE CENTRALE ET AMÉRIQUE DU SUD.

Le Mexique, grâce à son altitude généralement comprise sur les plateaux entre 1,000 et 2,000 mètres, tient le milieu entre les pays tempérés et les pays chauds, bien qu'il soit traversé par la ligne du tropique.

Ses forêts n'offrent aucune ressource pour l'exportation des bois communs. Il n'en produit même pas assez pour sa propre consommation, car, dans l'année fiscale 1896-1897, il en a importé pour 2,213,000 francs et n'en a exporté que pour 22,000 francs.

Je n'insiste pas sur l'Amérique équatoriale et en particulier sur les forêts du bassin de l'Amazone, car je ne pourrais que reproduire les considérations développées précédemment au sujet de celles qui sont situées en Afrique sous la même latitude. L'Amazone est, il est vrai, plus navigable que le Congo dans le bas de son cours, ce qui constitue une supériorité pour la facilité d'écoulement des produits forestiers du Brésil; mais, dans l'un et l'autre continent, c'est le même mélange intime des espèces végétales et, par conséquent, la même pauvreté de matériel vendable pour la consommation courante européenne; ce sont les mêmes difficultés d'exploitation et les mêmes obstacles au transport des bois qui ne se trouvent pas sur les bords immédiats des cours d'eau.

Une grande partie de la République argentine est constituée par les vastes plaines couvertes d'herbes qu'on appelle les pampas. Pour trouver des forêts, il faut, soit aller vers l'ouest et le nord-ouest jusqu'à la rencontre des contreforts des Andes, soit remonter vers le nord, où le voisinage du tropique donne au climat un caractère équatorial.

Quoique n'ayant encore que 4 millions et demi d'habitants, la République argentine consomme déjà une quantité notable de bois étrangers (voir aux annexes le tableau n° 47). En 1898, ses importations ont eu une valeur de 26,552,230 francs.

Si dans les exportations on comprend les rondins de quebracho, on obtient une valeur de 9,992,120 francs; mais ces rondins, expédiés en Europe pour servir à la fabrication des extraits tanniques, ne sont pas des bois d'œuvre. Si l'on n'en tient pas compte, les exportations se réduisent au chiffre très minime de 579,100 francs.

Loin de constituer une ressource forestière d'avenir, la République argentine, dont la population augmente très rapidement, aura, au contraire, de plus en plus besoin des bois du Nord de l'Amérique.

AUSTRALIE.

Le grand continent australien, dont la surface est évaluée à 2,946,691 milles carrés, soit 763 millions d'hectares, aurait, dit-on, 78,984,000 acres, c'est-à-dire 32 millions d'hectares de forêts[1]. Son taux de boisement ne serait donc que d'environ 4 p. 100.

[1] *Annual progress report of State forest administration in New South Wales for the year 1891* (page 32), Sydney, 1892.

Cette proportion extrêmement faible s'explique facilement; l'intérieur de l'Australie, ne recevant qu'une hauteur annuelle de pluie inférieure à 20 centimètres, est impropre à la végétation arborescente et ne produit que des broussailles ou des plantes herbacées.

Ces forêts trop rares ont-elles du moins quelques chances d'être soigneusement conservées? On peut être certain du contraire, en présence de ce fait que la principale industrie de l'Australie est l'élevage des moutons. En 1896, elle en possédait 89,745,000 [1].

Or, entre la conservation des forêts et l'existence des grands troupeaux de moutons, l'antinomie est complète. Partout où se sont installés les peuples pasteurs, les forêts ont disparu.

Les prohibitions, les règlements n'y font rien. On les maintient et on résiste avec quelque succès pendant les années humides. Les pâturages non boisés sont abondants. Mais alors la facilité avec laquelle on nourrit les troupeaux conduit à les accroître. Quand vient une année sèche, toutes les résistances tombent. Il y a, proclame-t-on, intérêt public à sauver les éleveurs de la ruine. Il faut ouvrir la forêt aux bêtes affamées qui se jettent dans les cantons peuplés de jeunes bois, ceux où il y a le plus à dévorer, et les détruisent. La forêt ne se renouvelle plus; elle se clairière. Un peu plus tard, elle ne sera plus qu'un pâturage avec quelques bouquets d'arbres. Ceux-ci disparaîtront à leur tour, tués par le piétinement des animaux qui se réfugient à leur ombrage aux heures chaudes du jour, et au pâturage boisé succédera la lande nue ou la montagne pelée, ravagée par les torrents. Quelquefois la ruine est consommée d'un seul coup; les bergers, pour étendre ou améliorer leurs pâturages, mettent le feu à la forêt.

C'est l'histoire de millions d'hectares d'anciennes forêts dans les pays qui entourent la Méditerranée; ce sera celle des forêts d'Australie.

(1) *A Statistical account of the seven colonies of Australasia 1897-1898 by T. A. Coghlan, government statistician of New South Wales.*

Un célèbre écrivain anglais, Froude, qui visitait l'Australie, il y a une quinzaine d'années environ, déplorait la destruction des forêts dans une page d'une remarquable énergie :

« Nous nous plongeons de nouveau dans les bois; les ravins deviennent de plus en plus sauvages, les eucalyptus de plus en plus grands; les tiges droites et dénudées atteignent 200 pieds, « comme le grand mât de quelque vaisseau amiral », avant de donner naissance à la plus petite branche. Des arbres uniques comme ceux-là devraient être conservés, mais le sol qui les nourrit est tentant par sa fertilité, et ils sont voués à la destruction. Le Gouvernement fait des lois à ce sujet, mais dans une démocratie le peuple fait ce qu'il lui plaît. Les usages et les convoitises sont maîtres; les lois ne sont que du papier. On pratique une entaille à un yard du sol; l'écorce est arrachée, la circulation de la sève s'arrête, l'arbre meurt, les feuilles de la cime se dessèchent; les branches persistent quelques années, nues et comme des fantômes, puis se brisent et tombent. Quelquefois, la forêt est complètement brûlée; on voit des centaines de troncs, ayant un reste de vie, écorchés et noircis d'un côté.

« L'eucalyptus est de croissance rapide et pourra être rétabli par la suite quand la disparition des arbres commencera, comme cela arrivera, à affecter le climat. Mais les bois durs et les acacias, qui, quoique petits à côté de leurs immenses voisins, atteignent de respectables dimensions, ne sont exploitables qu'à cent ans. Le bois a de la valeur et de tous côtés on le coupe et on l'enlève. Le génie de la destruction est dans l'air[1] ».

Ces destructions sont cependant insuffisantes pour donner à l'Australie les bois dont elle a besoin.

En 1896, les trois colonies de Nouvelle-Galles du Sud, Victoria et Australie du Sud ont dû importer pour 20 millions de francs de bois.

[1] *Oceana or England and her colonies by James Anthony Froude.* Édition Tauchnitz, page 134.

La Nouvelle-Zélande, dont le climat est doux et humide et qui est traversée par de hautes montagnes, avait de magnifiques forêts de résineux, comparables en richesse à celles de l'hémisphère boréal. On les réalise avec entrain; les bois sont dirigés vers l'Australie, la Nouvelle-Calédonie et même l'Angleterre. Les 20 millions de moutons de la colonie voient de jour en jour s'augmenter l'étendue de leurs pâturages, mais, en revanche, les rivières des montagnes auront bientôt toute facilité de se transformer en torrents.

Cette longue revue des ressources forestières de notre globe laisse après elle un sentiment de tristesse et d'angoisse.

Il est triste de penser à tant de richesses disparues à tout jamais, gaspillées par l'avidité et l'incurie des hommes, alors qu'en les entourant de soins et de protection on les aurait conservées et améliorées. Ces richesses n'ont guère profité à ceux qui les possédaient, car, si les destructions de forêts donnent des bénéfices aux exploitants, aux transporteurs et aux commerçants, elles ne laissent la plupart du temps qu'une part bien minime aux propriétaires. La valeur des bois qui doivent aller se vendre loin des lieux de production se compose pour les 90 et 95 centièmes des frais d'exploitation, de transport et des bénéfices des intermédiaires. Le propriétaire de la forêt n'en touche que le dixième, le vingtième, souvent moins encore.

Il est profondément inquiétant de constater que 215 millions d'habitants de l'Europe, constituant les nations où le commerce et l'industrie ont atteint la plus haute puissance, ne trouvent plus assez de bois d'œuvre dans les forêts des territoires qu'ils occupent.

Lorsqu'on sort de l'Europe, on voit une vieille nation, comme la Chine, des peuples jeunes et plein d'avenir, comme ceux de l'Afrique du Sud, de la République argentine, de l'Australie, ayant un déficit de production ligneuse, appelé à croître d'année en année.

Quant aux pays à grands excédents de production, ils sont au nombre de sept seulement; cinq en Europe : l'Autriche-Hongrie, la Norvège, la Suède, la Finlande et la Russie, et deux dans l'Amérique du Nord : les États-Unis et le Canada.

Mais on a vu que cet excédent est fort menacé en Autriche-Hongrie, en Russie et aux États-Unis par l'accroissement de la population et le développement industriel, en Norvège par l'appauvrissement des forêts. Il ne reste donc en tout que trois réserves forestières d'un certain avenir : la Suède, la Finlande et le Canada.

Cela est absolument insuffisant.

Si la Suède, la Finlande et le Canada devaient alimenter seuls les importations de tous les pays réclamant des bois d'œuvre, leur production normale n'y suffirait pas et leur capital forestier serait promptement dissipé.

On marche donc vers la disette.

La hausse des produits forestiers à laquelle il faut s'attendre, pour les belles marchandises, ne fera que précipiter l'échéance fatale.

La production ligneuse, dans laquelle le temps intervient comme facteur principal, est en effet soumise à des règles économiques très différentes de celles qui régissent la production industrielle ou agricole.

En thèse générale, toute augmentation des prix payés par le consommateur a pour résultat de surexciter la production.

Quand il s'agit de produits ligneux, toute majoration des prix incite les propriétaires imprévoyants à réaliser les capitaux forestiers accumulés par les générations précédentes; d'où résulte qu'à toute augmentation de la demande correspond une destruction et par conséquent une diminution de la production.

La situation présente est donc pleine de périls, et il est urgent d'en saisir l'opinion publique.

Il faudrait que, partout où il en est temps encore, on arrêtât les destructions de forêts, soit par des mesures législatives strictement appliquées, soit en faisant comprendre aux propriétaires que leur intérêt bien entendu consiste à n'exploiter que la production de leurs forêts et à en respecter le capital.

Il faudrait écarter définitivement ce préjugé, encore trop répandu, que mettre un pays neuf en valeur consiste à en détruire les forêts.

La production des bois d'œuvre devrait être le but de toutes les opérations de culture et d'aménagement. Jadis on prétendait que cette production était interdite aux particuliers, à cause du faible taux auquel fonctionnent les capitaux engagés dans les futaies.

Mais, aujourd'hui que l'intérêt des valeurs de tout repos ne dépasse plus 3 o/o et descendra peut-être encore, il semble qu'un particulier puisse avoir profit à élever sur les taillis des réserves qui assurent à son épargne un intérêt au moins égal, ou à produire dans les sapinières des bois de sciage, qui lui donnent 2 à 3 o/o du capital engagé, abstraction faite de l'augmentation cependant bien certaine du prix des bois.

Ce sont des notions peu connues qu'il faudrait répandre.

L'augmentation de la valeur des bois d'œuvre conduira sans doute aussi à en éviter le gaspillage, à être plus soigneux dans la manière de diriger le débit, à n'utiliser comme bois de feu que ce qui est absolument impropre aux usages industriels.

Il faudrait aussi que la propriété forestière ne fût pas accablée d'impôts, sous prétexte qu'elle est entre les mains de personnes riches, ce qui d'ailleurs est inexact. Il y a en France des forêts dont l'impôt direct est égal à 20 ou 25 o/o du produit brut, et cependant, malgré cette large participation aux dépenses publiques, ces propriétés ne sont l'objet d'aucune surveillance de la part de l'autorité, et leurs possesseurs sont obligés d'instituer et de payer des gardes particuliers.

L'exagération des impôts frappant la propriété forestière doit également se rencontrer dans d'autres pays. C'est à cette cause que M. Gifford Pinchot attribue la rapidité de destruction de certaines forêts des États-Unis : « Ces taxes sont très élevées, dit-il, car, dans beaucoup de cas, elles se montent à 5 ou même 6 o/o par an de la valeur marchande de la forêt, de sorte que les propriétaires n'ont pas le moyen de les payer et de conserver leurs forêts. En conséquence, ils sont forcés de couper ou de vendre leurs bois en hâte, sans souci de l'avenir. Quand le bois est enlevé, les propriétaires refusent de payer plus longtemps les taxes, et les terrains dévastés sont repris par l'État. Bien des milliers de milles carrés de forêts ont été ruinés par des exploitations sans frein, parce que de lourdes taxes forçaient les propriétaires à réaliser vite et en une seule fois leur surface boisée, au lieu de couper de manière à assurer un bon revenu futur[1] ».

Enfin, il n'est pas, dans l'Europe occidentale ou méridionale, de pays où l'on ne trouve des milliers et même des millions d'hectares de terres incultes ou dont l'utilisation agricole a cessé d'être rémunératrice. Tous ces terrains devraient être boisés. Les États devraient prodiguer les encouragements, non seulement par des exemptions d'impôts, mais aussi par des délivrances gratuites de graines et de plants, et mettre à la disposition des propriétaires, pour les guider, leur personnel forestier expérimenté. Ils ne devraient pas hésiter à acquérir une partie de ces surfaces. Les achats de terrains situés en montagne sur les bords des torrents sont certainement très utiles, et il n'y a pas lieu de les ralentir puisqu'ils répondent à un grand intérêt général. Mais, par ces achats, il s'agit plutôt de se défendre contre les puissantes forces des eaux courantes que de créer des massifs forestiers productifs de marchandises de grande valeur. On verra rarement, sans doute, s'élever de riches forêts au bord des torrents ou sur les pentes abruptes. Leur place est dans les plaines, sur les plateaux ou sur les montagnes de moyenne élévation. C'est là qu'il importe d'installer soit des forêts de chêne, soit des sapinières. On disait autrefois : il faut dé-

[1] *A primer of forestry by Gifford Pinchot*, Washington, 1899.

fricher les plaines et reboiser les montagnes. C'était une profonde erreur. Les forêts sont aussi nécessaires en plaine qu'en montagne; la plaine produit des bois que ne donne pas la montagne et toutes les plaines ne se prêtent pas à la culture agricole.

Pour prendre toutes ces mesures, il n'y a pas un moment à perdre. La production forestière ne s'improvise pas; il faut un siècle ou un siècle et demi pour obtenir du bois de sciage, et la disette des bois d'œuvre se fera peut-être sentir avant cinquante ans.

ANNEXES.

Les tableaux qui figurent aux annexes sont extraits des documents officiels publiés par les divers États.

Afin de permettre les rapprochements et les comparaisons, les mesures et valeurs monétaires étrangères ont été exprimées en mesures métriques et monnaies françaises.

TABLEA

ROYAUME-UNI DE GRANDE

IMPORTATIONS DE BOI

DÉSIGNATION DES MARCHANDISES.	I. QUANTITÉS ET VALEURS EN			
	1894.		1895.	
	QUANTITÉS EN LOADS.	VALEURS EN LIVRES STERLING.	QUANTITÉS EN LOADS.	VALEURS EN LIVRES STERLING.
Hewn — Fir	2,122,975	2,845,690	2,008,206	2,726,302
Hewn — Oak	110,716	667,383	108,508	630,799
Hewn — Teak	44,333	465,709	59,466	574,882
Hewn — Unenumerated	60,038	208,981	84,581	249,453
Sawn — Fir	5,314,788	11,537,617	4,926,426	10,305,483
Sawn — Unenumerated	131,699	361,916	135,560	390,433
Staves of all dimensions	132,145	541,797	144,751	594,615
TOTAUX	7,916,694	16,629,093	7,467,498	15,471,967

DÉSIGNATION DES MARCHANDISES.	II. QUANTITÉS ET VALEURS EN			
	1894.		1895.	
	QUANTITÉS EN MÈTRES CUBES.	VALEURS EN FRANCS.	QUANTITÉS EN MÈTRES CUBES.	VALEURS EN FRANCS.
Bois haché (en grume ou équarri) — Résineux	3,004,010	71,768,302	2,841,611	68,757,336
Bois haché (en grume ou équarri) — Chêne	156,663	16,831,399	153,539	15,908,751
Bois haché (en grume ou équarri) — Teck	62,731	11,745,181	84,144	14,498,524
Bois haché (en grume ou équarri) — Divers	84,954	5,270,501	119,682	6,291,205
Bois scié — Résineux	7,520,425	290,978,701	6,970,893	259,904,281
Bois scié — Divers	186,354	9,127,522	191,817	9,846,720
Douves de toutes dimensions	186,985	13,664,120	204,823	14,996,190
TOTAUX	11,202,122	419,385,726	10,566,509	390,203,007

N° 1.

BRETAGNE ET D'IRLANDE.

COMMUNS DE 1894 À 1898.

MESURES ET MONNAIES ANGLAISES.

1896.		1897.		1898.	
QUANTITÉS EN LOADS.	VALEURS EN LIVRES STERLING.	QUANTITÉS EN LOADS.	VALEURS EN LIVRES STERLING.	QUANTITÉS EN LOADS.	VALEURS EN LIVRES STERLING.
2,135,080	3,026,595	2,485,716	3,584,949	2,024,268	2,978,329
145,358	862,011	177,501	1,020,771	167,314	947,589
66,367	705,224	74,474	867,083	58,917	693,629
85,985	295,544	87,974	307,836	81,256	271,092
5,877,449	12,926,526	6,843,368	16,115,306	6,204,787	14,572,561
154,043	454,054	181,124	524,625	158,570	483,479
138,393	656,246	126,745	569,572	139,120	646,075
8,602,675	18,926,200	9,976,902	22,990,142	8,834,232	20,592,754

MESURES ET MONNAIES FRANÇAISES.

1896.		1897.		1898.	
QUANTITÉS EN MÈTRES CUBES.	VALEURS EN FRANCS.	QUANTITÉS EN MÈTRES CUBES.	VALEURS EN FRANCS.	QUANTITÉS EN MÈTRES CUBES.	VALEURS EN FRANCS.
3,021,138	76,330,726	3,517,288	90,412,414	2,864,339	75,113,457
205,682	21,739,917	251,164	25,743,845	236,749	23,898,195
93,909	17,785,749	105,381	21,867,833	83,368	17,493,323
121,669	7,453,620	124,483	7,763,624	114,977	6,836,940
8,316,590	326,006,986	9,683,366	406,428,017	8,779,773	367,519,988
217,971	11,451,242	256,290	13,231,042	224,377	12,193,340
195,826	16,550,524	179,344	14,364,606	196,855	16,294,012
12,172,785	477,318,764	14,117,316	579,811,381	12,500,438	519,349,255

TABLE

ROYAUME-UNI DE GRAND

EXPORTATIONS DE BO

DÉSIGNATION DES MARCHANDISES.	I. QUANTITÉS ET VALEURS			
	1894.		1895.	
	QUANTITÉS EN LOADS.	VALEURS EN LIVRES STERLING.	QUANTITÉS EN LOADS.	VALEURS EN LIVRES STERLIN
				a. Produits
Bois brut, haché, scié ou fendu..	1,296	11,488	597	3,993
				b. Produits étrang
Bois haché (en grume ou équarri). Résineux	1,354	7,240	1,990	8,141
Bois haché (en grume ou équarri). Chêne	1,191	6,784	1,391	7,705
Bois haché (en grume ou équarri). Teck	4,851	55,275	4,744	50,685
Bois haché (en grume ou équarri). Divers	602	4,169	636	3,349
Bois scié... Résineux	17,802	62,068	19,365	60,688
Bois scié... Divers	888	6,610	750	4,269
Douves de toutes dimensions	5,622	45,548	6,149	47,409
TOTAUX	32,310	187,694	35,025	182,246
EXPORTATIONS TOTALES	33,606	199,182	35,622	186,239

DÉSIGNATION DES MARCHANDISES.	II. QUANTITÉS ET VALEURS			
	1894.		1895.	
	QUANTITÉS EN MÈTRES CUBES.	VALEURS EN FRANCS.	QUANTITÉS EN MÈTRES CUBES.	VALEURS EN FRANCS.
				a. Produits
Bois de toutes catégories	1,834	289,727	845	100,703
				b. Produits étrang
Bois de toutes catégories	45,718	4,733,643	49,560	4,596,244
EXPORTATIONS TOTALES	47,552	5,023,370	50,405	4,696,947

N° 2.

BRETAGNE ET D'IRLANDE.

COMMUNS DE 1894 À 1898.

MESURES ET MONNAIES ANGLAISES.

1896.		1897.		1898.	
QUANTITÉS EN LOADS.	VALEURS EN LIVRES STERLING.	QUANTITÉS EN LOADS.	VALEURS EN LIVRES STERLING.	QUANTITÉS EN LOADS.	VALEURS EN LIVRES STERLING.
Royaume-Uni.					
763	5,911	1,299	8,568	745	6,642
ou coloniaux.					
1,458	5,747	1,539	8,048	2,630	12,690
713	4,860	914	5,092	576	3,637
6,573	76,138	7,683	93,502	5,088	60,721
284	1,794	372	1,760	392	2,281
32,787	115,523	22,919	84,675	24,523	86,209
835	5,256	1,186	8,052	1,269	8,082
4,538	35,714	5,166	41,536	7,582	67,768
47,188	245,032	39,779	242,665	42,060	241,388
47,951	250,943	41,078	251,233	42,805	248,030

MESURES ET MONNAIES FRANÇAISES.

1896.		1897.		1898.	
QUANTITÉS EN MÈTRES CUBES.	VALEURS EN FRANCS.	QUANTITÉS. EN MÈTRES CUBES.	VALEURS EN FRANCS.	QUANTITÉS EN MÈTRES CUBES.	VALEURS EN FRANCS.
Royaume-Uni.					
1,080	149,075	1,838	216,085	1,054	167,511
et coloniaux.					
66,771	6,179,707	56,287	6,120,011	59,515	6,087,805
67,851	6,328,782	58,125	6,336,096	60,569	6,255,316

Tableau N° 3.

ROYAUME-UNI DE GRANDE-BRETAGNE ET D'IRLANDE.

VALEURS DES IMPORTATIONS DE BOIS COMMUNS DE 1884 À 1898.

ANNÉES.	VALEURS EN MILLIERS DE LIVRES STERLING.				VALEURS TOTALES en milliers de francs.	VALEURS MOYENNES par période de 5 ans en milliers de francs.
	Bois haché.	Bois scié.	Douves.	Valeurs totales.		
1884.......	4,673	9,236	555	14,464	364,782	
1885.......	4,637	9,598	539	14,774	372,600	
1886.......	3,422	8,205	532	12,159	306,650	340,077
1887.......	3,250	7,894	565	11,709	295,301	
1888.......	4,059	9,667	590	14,316	361,050	
1889.......	5,637	13,144	694	19,475	491,160	
1890.......	5,005	11,093	669	16,767	422,864	
1891.......	4,501	9,385	589	14,475	365,060	414,602
1892.......	4,886	11,172	594	16,652	419,963	
1893.......	4,049	10,266	513	14,828	373,962	
1894.......	4,188	11,899	542	16,629	419,385	
1895.......	4,181	10,696	595	15,472	390,203	
1896.......	4,889	13,381	656	18,926	477,318	477,213
1897.......	5,780	16,640	570	22,990	579,811	
1898.......	4,891	15,056	646	20,593	519,349	

TABLEAU N° 4.

BELGIQUE.

BOIS COMMUNS.

Commerce spécial en 1898.

DÉSIGNATION DES MARCHANDISES.	IMPORTATIONS.		EXPORTATIONS.	
	QUANTITÉS EN MÈTRES CUBES.	VALEURS EN FRANCS.	QUANTITÉS EN MÈTRES CUBES.	VALEURS EN FRANCS.
BOIS DE CONSTRUCTION.				
Chêne et noyer — en grume ou non sciés	20,365	2,443,800	2,409	289,080
Chêne et noyer — simplement refendus	3,648	583,680	853	136,480
Chêne et noyer — sciés	100,436	18,580,660	3,710	686,350
Autres que le chêne et le noyer — en grume ou non sciés	150,371	7,819,292	2,440	126,880
Autres que le chêne et le noyer — sciés — Poutres sciées	8,813	458,276	22	1,414
Autres que le chêne et le noyer — sciés — Autres	752,909	60,985,629	6,951	563,031
Autres que le chêne et le noyer — rabotés	10,819	930,434	103	8,858
BOIS DIVERS.				
Pièces de bois en grume ou non sciés ayant moins de 75 centimètres de circonférence au gros bout	444,780	12,453,840	11,845	331,660
TOTAUX	1,492,141	104,255,611	28,333	2,143,483

Tableau N° 5.

BELGIQUE.

IMPORTATIONS ET EXPORTATIONS DES BOIS DE CONSTRUCTION
(Bois divers non compris).

Commerce spécial.

ANNÉES.	IMPORTATIONS.		EXPORTATIONS.	
	QUANTITÉS en MÈTRES CUBES.	VALEURS en FRANCS.	QUANTITÉS en MÈTRES CUBES.	VALEURS en FRANCS.
1860	172,993	16,080,000	15,561	1,540,000
1870	292,252	18,771,000	36,088	2,619,000
1880	512,673	51,517,000	28,297	2,743,000
1890	645,151	62,273,000	33,733	3,400,000
1894	778,926	68,594,000	18,124	1,665,000
1895	752,822	66,412,000	19,719	1,788,000
1896	907,303	78,677,000	18,563	1,777,000
1897	1,022,881	89,898,000	16,592	1,705,000
1898	1,047,361	91,802,000	16,488	1,812,000

TABLEAU N° 6.

PAYS-BAS.

IMPORTATIONS ET EXPORTATIONS DE BOIS COMMUNS EN 1898.

DÉSIGNATION DES MARCHANDISES.		VALEURS en FLORINS.	VALEURS en FRANCS.
IMPORTATIONS.			
Bois pour construction de bateaux et bois d'œuvre.	non scié.	17,040,386	
	scié	30,506,342	
Bois de feu		185,033	
Bois de cercles		810	
Cercles		6,473	
Douves brutes		1,842,819	
TOTAUX		49,581,863	104,121,912
EXPORTATIONS.			
Bois pour construction de bateaux et bois d'œuvre.	non scié.	7,568249	
	scié	29,145,756	
Bois de feu		293,760	
Bois de cercles		12,435	
Cercles		1,623,435	
Douves brutes		2,297,649	
TOTAUX		40,941,284	85,976,696
EXCÉDENT des importations		8,640,579	18,145,216

TABLEAU N° 7.

SUISSE.

IMPORTATIONS ET EXPORTATIONS DE BOIS COMMUNS EN 1888.

DÉSIGNATION DES MARCHANDISES.	IMPORTATIONS.		EXPORTATIONS.	
	QUANTITÉS en QUINTAUX MÉTRIQUES.	VALEURS en FRANCS.	QUANTITÉS en QUINTAUX MÉTRIQUES.	VALEURS en FRANCS.
I. BOIS À BRÛLER.				
Bois tendre	527,489	1,054,878	115,539	184,507
Bois dur	793,102	1,744,824	218,449	488,002
TOTAUX pour les bois à brûler.	1,320,591	2,799,702	333,988	672,509
II. CHARBON DE BOIS.				
Charbon de bois	82,305	740,745	42,068	384,132
III. BOIS D'ŒUVRE.				
Bois commun de construction, brut ou simplement équarri à la hache	254,256	1,017,024	357,428	1,305,722
Échalas	11,864	100,844	3,715	19,593
Bois commun de construction, scié. — Planches de bois tendre	292,880	2,196,600	307,979	1,842,408
Bois commun de construction, scié. — Planches de bois dur, lattes, etc., bois pour douves, brut coupé à la scie en morceaux de la longueur voulue et refendu à la hache	172,749	1,630,025	109,454	688,080
Bardeaux	6,760	87,880	187	3,903
TOTAUX pour les bois d'œuvre.	738,509	5,032,373	778,763	3,859,706
TOTAUX GÉNÉRAUX	2,141,405	8,572,820	1,154,819	4,916,347

Tableau N° 8.

SUISSE.

IMPORTATIONS ET EXPORTATIONS DE BOIS COMMUNS EN 1898.

DÉSIGNATION DES MARCHANDISES.	IMPORTATIONS.		EXPORTATIONS.	
	QUANTITÉS en QUINTAUX MÉTRIQUES.	VALEURS en FRANCS.	QUANTITÉS en QUINTAUX MÉTRIQUES.	VALEURS en FRANCS.
I. Bois à brûler.				
Bois à brûler d'essences feuillues	767,299	1,715,583	221,769	439,815
Bois à brûler d'essences résineuses	631,885	1,380,923	50,832	106,224
Totaux pour les bois à brûler	1,399,184	3,096,506	272,601	546,039
II. Charbon de bois.				
Charbon de bois	92,716	795,304	18,244	147,539
III. Bois d'œuvre.				
Bois d'œuvre feuillus	133,787	941,265	34,223	214,798
Bois d'œuvre résineux	368,546	1,879,585	210,209	772,867
Échalas	11,620	99,931	3,341	18,372
Merrains bruts	39,570	853,760	93	1,390
Autres bois de chêne, sciés, etc.	211,864	3,811,570	4,968	44,423
Planches, etc. d'essences feuillues	80,591	811,264	15,312	136,920
Planches, etc. d'essences résineuses	848,908	7,658,905	60,749	565,346
Poutres, traverses, etc., autres que le chêne	62,196	485,129	3,646	32,366
Totaux pour les bois d'œuvre	1,757,082	16,541,409	332,541	1,786,482
Totaux généraux	3,248,982	20,433,219	623,386	2,480,060

TABLEAU N° 9.

ALLEMAGNE.

IMPORTATIONS ET EXPORTATIONS DE BOIS COMMUNS EN 1888.

Commerce spécial.

DÉSIGNATION DES MARCHANDISES.	IMPORTATIONS.		EXPORTATIONS.	
	QUANTITÉS en quintaux de 100 kilogr.	VALEURS en marks.	QUANTITÉS en quintaux de 100 kilogr.	VALEURS en marks.
I. BOIS D'OEUVRE.				
Bois de construction et bois d'œuvre, non autrement dénommés, bruts ou seulement débités transversalement à la hache ou à la scie..........	18,156,920	49,932,000	2,752,879	10,323,000
Bois de construction et bois d'œuvre débités dans le sens de la longueur............	5,509,222	44,074,000	2,964,193	29,642,000
Bois de construction et bois d'œuvre, sciés............	7,013,623	34,577,000	2,530,766	17,462,000
Douves { de chêne..........	838,121	8,381,000	486.784	5,839,000
Douves { d'autres essences.....	54,777	219,000	27,817	139,000
Bois de construction et bois d'œuvre destinés aux habitants ou industriels du rayon frontière, amenés directement des forêts par chariots..........	831,700	2,287,000	//	//
TOTAUX pour les bois d'œuvre.	32,404,363	139,470,000	8,762,439	63,405,000
VALEURS en francs.........	//	172,176,000	//	78,273,000
II. CHARBON DE BOIS.				
Charbon de bois.............	41,192	206,000	225,096	1,351,000
VALEURS en francs.........	//	254,000	//	1,668,000
III. BOIS À BRÛLER.				
Bois à brûler...............	1,464,903	2,930,000	1,712,482	3,425,000
VALEURS en francs.........	//	3,617,000	//	4,228,000
TOTAUX GÉNÉRAUX............	33,910,458	142,606,000	10,700,017	68,181,000
VALEURS en francs...........	//	176,047,000	//	84,169,000

Tableau N° 10.

ALLEMAGNE.

IMPORTATIONS ET EXPORTATIONS DE BOIS COMMUNS EN 1898.

Commerce spécial.

DÉSIGNATION DES MARCHANDISES.	IMPORTATIONS.		EXPORTATIONS.	
	QUANTITÉS en quintaux de 100 kilogr.	VALEURS en marks.	QUANTITÉS en quintaux de 100 kilogr.	VALEURS en marks.
I. Bois d'oeuvre.				
Bois de construction et bois d'œuvre non autrement dénommés, bruts ou seulement débités transversalement à la hache où à la scie	25,856,089	115,496,000	1,900,104	9,501,000
Bois de construction et bois d'œuvre débités dans le sens de la longueur	6,678,417	70,123,000	105,400	1,318,000
Bois de construction et bois d'œuvre sciés	13,986,059	104,895,000	1,280,506	10,500,000
Douves de chêne	736,547	9,280,000	32,733	491,000
Douves d'autres essences	92,836	418,000	23,005	127,000
Totaux pour les bois d'œuvre.	47,349,948	300,212,000	3,341,748	21,937,000
Valeurs en francs	"	370,612,000	"	27,081,000
II. Charbon de bois.				
Charbon de bois	103,256	620,000	95,073	666,000
Valeurs en francs	"	765,000	"	822,000
III. Bois à brûler.				
Bois à brûler	1,871,093	4,210,000	1,203,581	2,708,000
Valeurs en francs	"	5,197,000	"	3,343,000
Totaux généraux	49,324,297	305,042,000	4,640,402	25,311,000
Valeurs en francs	"	376,574,000	"	31,246,000

Tableau N° 11.

DANEMARK.

IMPORTATIONS ET EXPORTATIONS DE BOIS COMMUNS EN 1898.

DÉSIGNATION DES MARCHANDISES.	IMPORTATIONS. — VALEURS EN FRANCS.	EXPORTATIONS. — VALEURS EN FRANCS.
I. Bois d'oeuvre.		
Chêne	906,011	18,965
Feuillards, etc.	55,166	//
Pin, sapin et autres bois	29,263,085	35,553
Charpentes pour maisons et bateaux	861,056	3,429
Totaux	31,085,318	57 947
Excédent des importations	31,027,371	
II. Bois à brûler.		
Bois à brûler	1,450,157	5,025
Excédent des importations	1,445,132	
Totaux généraux	32,535,475	62,972
Excédent général des importations	32,472,503	

FRANCE

IMPORTATIONS DE BOIS COMMUNS DE 1894 À 1898

Commerce spécial

TABL

F

IMPORTATIONS DE BOIS (

Comme

DÉSIGNATION DES MARCHANDISES.	1894.		1895.	
	QUANTITÉS en 1,000 kilogr.	VALEURS en francs.	QUANTITÉS en 1,000 kilogr.	VALEURS en franc
			I. E	
Bois de chêne — ronds, bruts	2,744	205,800	1,665	124,8
Bois de chêne — traverses pour chemins de fer	314	21,980	32	2,2
Bois de chêne — équarris ou sciés de plus de 0 m. 08 d'épaisseur	10,933	1,093,300	9,075	907,5
Bois de chêne — sciés de moins de 0 m. 08	44,633	7,061,775	39,742	6,403,9
Bois de chêne — merrains	181,587	36,317,462	114,780	22,955,9
Bois de noyer	1,648	311,420	1,792	276,3
Essences diverses — bois ronds, bruts, perches et étançons	95,921	4,016,644	101,188	3,963,5
Essences diverses — traverses pour chemins de fer	7	385	//	
Essences diverses — équarris ou sciés de plus de 0 m. 08 d'épaisseur	117,485	8,223,950	108,033	7,562,3
Essences diverses — sciés de moins de 0 m. 08	959,223	80,511,580	938,549	78,869,7
Essences diverses — merrains	952	104,703	1,430	157,2
Pavés en bois	//	//	//	
Bois en éclisses et bois feuillards	4,915	1,228,789	4,260	1,064,9
Bois d'essences résineuses en rondins pour la fabrication de la cellulose	120,971	2,298,449	119,729	2,274,8
Paille ou laine de bois	2,923	438,520	2,109	316,3
Bois divers	497	74,606	520	78,0
TOTAUX pour les bois d'œuvre	1,544,753	141,909,363	1,442,904	124,957,8
			II.	
Bûches, fagots et bourrées	35,842	645,156	32,540	585,7
			III. CHA	
Charbon de bois	5,891	515,463	6,264	548,
TOTAUX GÉNÉRAUX	1,586,486	143,069,982	1,481,708	126,091,7

°12.

CE.

UNS DE 1894 À 1898.

pécial.

1896.		1897.		1898.	
QUANTITÉS. en 1,000 kilogr.	VALEURS en francs.	QUANTITÉS en 1,000 kilogr.	VALEURS en francs.	QUANTITÉS en 1,000 kilogr.	VALEURS. en francs.
ŒUVRE.					
1,389	104,175	2,087	156,525	2,355	200,175
17	1,190	61	4,270	578	46,240
8,368	836,800	9,081	908,100	8,065	887,150
35,820	5,833,345	40,203	6,542,480	43,014	7,120,175
134,814	26,962,760	122,133	21,984,004	115,235	20,742,263
2,523	378,230	2,229	311,270	2,470	406,080
121,910	5,008,089	113,478	5,190,212	130,777	5,673,254
31	1,798	2,444	146,640	//	//
117,961	8,729,114	118,887	9,273,186	122,889	9,585,342
1,041,026	92,502,700	1,086,852	99,671,686	1,019,767	93,559,406
2,506	275,636	1,989	218,826	1,560	171,589
18	1,071	8	458	14	864
4,516	1,128,998	4,747	1,186,696	4,877	1,219,252
124,173	2,359,287	129,164	2,454,116	131,663	2,501,597
2,074	311,083	2,810	421,453	1,654	248,090
776	116,334	464	69,562	546	81,876
1,597,922	144,550,610	1,636,637	148,539,484	1,585,464	142,443,353
BRÛLER.					
31,944	574,992	34,166	614,988	30,064	541,152
BOIS.					
6,435	563,063	6,342	554,925	5,527	483,613
1,636,301	145,688,665	1,677,145	149,709,397	1,621,055	143,468,118

TABLE

FR

EXPORTATIONS DE BOIS C

Commer

DÉSIGNATION DES MARCHANDISES.	1894.		1895.	
	QUANTITÉS en 1,000 kilogr.	VALEURS en francs.	QUANTITÉS en 1,000 kilogr.	VALEURS en francs.
				I. B
Bois de chêne — ronds, bruts	9,913	793,040	7,027	562,16
Bois de chêne — traverses pour chemins de fer	25,141	1,885,575	13,168	987,60
Bois de chêne — équarris ou sciés de plus de 0 m. 08 d'épaisseur	6,187	649,635	2,707	284.23
Bois de chêne — sciés de moins de 0 m. 08	2,617	397,315	2,919	462,52
Bois de chêne — merrains	3,292	691,340	3,069	644,57
Bois de noyer	3,857	600,800	2,457	466,20
Essences diverses — bois ronds bruts, perches et étançons	771,946	30,922,510	738,070	29,573,87
Essences diverses — traverses pour chemins de fer	35,392	2,123,520	18,916	1,134,90
Essences diverses — équarris ou sciés de plus de 0 m. 08 d'épaisseur	7,512	563,400	10,945	820,87
Essences diverses — sciés de moins de 0 m. 08	41,603	3,873,695	42,923	3,999,97
Essences diverses — merrains	937	103,097	978	107,60
Pavés en bois	10	578	347	20,8
Bois en éclisses et bois feuillards	10,117	2,529,154	9,622	2,405,54
Bois d'essences résineuses en rondins pour la fabrication de la cellulose	186	2,790	7	10
Paille ou laine de bois	61	9,108	64	9,60
Bois divers	390	58,455	442	66,3
TOTAUX pour les bois d'œuvre	919,161	45,204,012	853,661	41,547,02
				II. B
Bûches, fagots et bourrées	59,873	957,968	49,909	798,5
				III. CHAR
Charbon de bois	11,586	903,708	6,258	488,1
TOTAUX GÉNÉRAUX	990,620	47,065,688	909,828	42,833,6

N° 13.

NCE.

MUNS DE 1894 À 1898.

spécial.

1896.		1897.		1898.	
QUANTITÉS en 1,000 kilogr.	VALEURS en francs.	QUANTITÉS en 1,000 kilogr.	VALEURS en francs.	QUANTITÉS en 1,000 kilogr.	VALEURS en francs.
D'OEUVRE.					
9,792	783,360	10,069	755,175	7,302	547,650
11,869	890,175	20,348	1,526,100	15,069	1,130,175
4,826	506,730	4,353	457,065	2,250	236,250
3,238	507,765	4,355	690,625	4,843	774,755
3,597	755,423	4,039	767,319	3,815	724,917
3,221	778,400	2,327	708,800	3,120	1,096,800
754,161	31,488,682	790,173	32,367,687	628,698	20,251,028
29,944	1,886,472	22,791	1,481,415	14,014	910,910
6,119	477,282	9,192	753,744	5,711	468,302
35,669	3,504,680	41,151	4,168,233	27,980	2,826,300
725	79,713	595	65,499	1,039	114,272
444	26,630	368	22,103	174	10,467
10,373	2,593,169	10,774	2,693,480	9,393	2,348,219
575	8,625	179	2,685	//	//
23	3,483	17	2,556	62	9,240
353	52,928	234	35,107	464	69,646
874,929	44,343,517	920,965	46,497,593	723,934	31,518,931
BRÛLER.					
49,964	799,424	45,627	730,032	49,520	792,320
E BOIS.					
14,594	1,138,332	5,897	459,966	5,094	397,332
939,487	46,281,273	972,489	47,687,591	778,548	32,708,583

Tableau

FRA

CUBES EN FORÊT CORRESPONDANT AUX MOYENNES DES IMPORTATION

DÉSIGNATION DES MARCHANDISES.	IMPORTATIONS. — MOYENNES DE 1894 À 1898.		
	Poids en tonnes de 1000 kilogr.	Cubes importés en mètres cubes.	Cubes en fo correspondan à l'importation en mètres cubes
			I. B
Bois de chêne — ronds bruts	2,048	2,560	2,560
Bois de chêne — traverses pour chemins de fer	200	250	28
Bois de chêne — équarris ou sciés de plus de 0 m. 08 d'épaisseur	9,105	11,380	18,97
Bois de chêne — sciés de moins de 0 m. 08	40,682	50,850	101,70
Bois de chêne — Merrains	133,710	167,140	334,28
Bois de noyer	2,132	3,810	5,86
Essences diverses. — Bois ronds, bruts, perches et étançons	112,655	187,760	187,76
Essences diverses. — Traverses pour chemins de fer	496	900	1,00
Essences diverses. — Équarris ou sciés de plus de 0 m. 08 d'épaisseur	117,051	212,820	304,03
Essences diverses. — Sciés de moins de 0 m. 08	1,009,083	1,834,700	2.621,00
Essences diverses. — Merrains	1,688	3,070	6,14
Pavés en bois	8	10	2
Bois en éclisses et bois feuillards	4,663	7,170	10,24
Bois d'essences résineuses en rondins pour fabrication de la cellulose.	125,140	227,530	227,53
Paille ou laine de bois	2,314	4,210	6,01
Bois divers	561	1,020	1,46
Totaux pour les bois d'œuvre	1,561,536	2,715,180	3,828,84
			II. Bois
Bûches, fagots bourrées	32,911	50,630	50,63
			III. Char
Charbon de bois	6,092	//	46,86

N° 14.

NCE.

T EXPORTATIONS DE BOIS COMMUNS DE 1894 À 1898.

EXPORTATIONS. MOYENNES DE 1894 À 1898.			EXCÉDENTS DES CUBES EN FORÊT.	
Poids en tonnes de 1,000 kilogr.	Cubes exportés en mètres cubes.	Cubes en forêt correspondant à l'exportation en mètres cubes.	A l'importation en mètres cubes.	A l'exportation en mètres cubes.
EUVRE.				
8,821	11,030	11,030	//	8,470
17,119	21,400	23,780	//	23,500
4,065	5,080	8,470	10,500	//
3,594	4,490	8,980	92,720	//
3,562	4,450	8,900	325,380	//
2,997	5,350	8,230	//	2,370
736,610	1,227,680	1,227,680	//	1,039,920
24,211	44,020	48,910	//	47,910
7,896	14,360	20,510	283,520	//
37,865	68,850	98,360	2,522,640	//
855	1,550	3,100	3,040	//
269	490	700	//	680
10,056	15,470	22,100	//	11,860
189	340	340	227,190	//
45	80	110	5,900	//
376	680	970	490	//
858,530	1,425.320	1,492,170	3,471,380	1,134,710
			2,336,670	
LER.				
50,979	78,430	78,430	//	27,800
BOIS.				
8,685	//	66,810	//	19,950

TABLEAU N° 15.

ESPAGNE.

IMPORTATIONS ET EXPORTATIONS DE BOIS COMMUNS EN 1888.

DÉSIGNATION DES MARCHANDISES.	UNITÉS.	QUANTITÉS.	VALEURS EN FRANCS.
IMPORTATIONS.			
I. Bois d'œuvre.			
Douelles	La pièce.	12,313,000	11,697,350
Bois communs en planches, madriers, poutres et poutrelles, bois ronds et bois pour constructions navales	Mètre cube.	346.467	17,323,350
TOTAL pour les bois d'œuvre	....	....	29,020,700
II. Charbon de bois et autres combustibles végétaux	Kilogramme.	40,531,000	3,972,038
TOTAL des importations	....	....	32,992,738
EXPORTATIONS.			
I. Bois d'œuvre de toutes espèces non ouvré	Kilogramme.	19,178,045	1,534,423
II. Charbon de bois	*Idem.*	4,099,169	307,438
III. Bois à brûler	*Idem.*	1,487,377	59,375
TOTAL des importations	....	....	1,901,236

TABLEAU N° 16.

ESPAGNE.

IMPORTATIONS ET EXPORTATIONS DE BOIS COMMUNS EN 1898.

DÉSIGNATION DES MARCHANDISES.	UNITÉS.	QUANTITÉS.	VALEURS EN FRANCS.
IMPORTATIONS.			
I. Bois d'œuvre.			
Douelles de chêne	La pièce.	12,428,000	11,806,600
Douelles de châtaignier	*Idem.*	712,000	178,000
Bois communs en planches, madriers, poutres et poutrelles, bois ronds et bois pour constructions navales	Mètre cube.	282,246	18,345,990
TOTAL pour les bois d'œuvre	....	....	30,330,590
II. Charbon de bois et autres combustibles végétaux	Kilogramme.	35,135,000	3,162,150
TOTAL des importations	....	....	33,492,740
EXPORTATIONS.			
I. Bois d'œuvre de toutes espèces non ouvré.	Kilogramme.	20,263,596	810,544
II. Charbon de bois	*Idem.*	2,986,621	209,063
III. Bois à brûler	*Idem.*	2,436,349	97,454
TOTAL des exportations	....	....	1,117,061

Tableau N° 17.

PORTUGAL.

IMPORTATIONS ET EXPORTATIONS DE BOIS COMMUNS EN 1897.

Commerce spécial.

DÉSIGNATION DES MARCHANDISES.	UNITÉS.	QUANTITÉS.	VALEURS EN FRANCS.
Importations.			
Douves	Pièce.	3,488,000	3,185,185
Bois ordinaire en poutres et poutrelles	Mètre cube.	13,399	706,042
Planches d'épaisseur supérieure à 75 millimètres avec largeur d'au moins 25 centimètres	*Idem.*	8,660	469,073
Planches ou feuillets d'épaisseur comprise entre 75 millimètres et 35 millimètres.	*Idem.*	26,734	1,190,302
Planches ou feuillets d'épaisseur comprise entre 35 millimètres et 15 millimètres.	*Idem.*	3,472	137,665
Planches ou feuillets d'épaisseur inférieure à 15 millimètres	*Idem.*	3	1,042
Bois pour mâture d'embarcations	Pièce.	1,091	16,565
Total des importations	....	....	5,705,874
Exportations.			
Bois brut	Kilogr.	25,130,801	179,217
Solives	Mètre courant.	738,476	123.934
Poteaux télégraphiques	Pièce.	732	1,030
Lattes	*Idem.*	61,409	4,906
Planches	Mètre courant.	1,648,897	270,413
Poutres, poutrelles, longrines, traverses.	*Idem.*	366,492	125,765
Total des exportations	....	....	705,265

TABLEAU N° 18.

ITALIE.

IMPORTATIONS ET EXPORTATIONS DE BOIS COMMUNS EN 1888.

Commerce spécial.

DÉSIGNATION DES MARCHANDISES.	IMPORTATIONS.		EXPORTATIONS.	
	QUANTITÉS en tonnes de 1,000 kil.	VALEURS en francs.	QUANTITÉS en tonnes de 1,000 kil.	VALEURS en francs.
I. CHARBON DE BOIS.				
Charbon de bois	40,173	2,731,774	75,742	5,150,456
II. BOIS À BRÛLER.				
Bois à brûler	101,278	2,531,950	9,380	234,500
III. BOIS D'ŒUVRE.				
Bois brut ou simplement dégrossi à la hache	70,175	3,859,625	12,702	698,610
Bois équarri, bois débité dans le sens de la longueur	385,173	26,962,110	27,521	2,064,075
Bois en éclisses	18,335	825,075	22,582	1,016,190
TOTAUX pour les bois d'œuvre	473,683	31,646.810	62,805	3,778,875
TOTAUX GÉNÉRAUX	615,134	36,910,534	147,927	9,163,831

Tableau N° 19.

ITALIE.

IMPORTATIONS ET EXPORTATIONS DE BOIS COMMUNS EN 1898.

Commerce spécial.

DÉSIGNATION DES MARCHANDISES.	IMPORTATIONS.		EXPORTATIONS.	
	QUANTITÉS en tonnes de 1,000 kil.	VALEURS en francs.	QUANTITÉS en tonnes de 1,000 kil.	VALEURS en francs.
I. Charbon de bois.				
Charbon de bois	10,190	611,400	32,443	1,557,264
II. Bois à brûler.				
Bois à brûler	91,288	1,643,184	12,170	219,060
III. Bois d'oeuvre.				
Bois brut ou simplement dégrossi à la hache	54,094	2,812,888	4,316	224,432
Bois équarri, bois débité suivant la longueur	431,854	32,389,050	44,510	3,338,250
Bois en éclisses	2,012	60,360	18,936	568,080
Totaux pour les bois d'œuvre	487,960	35,262,298	67,762	4,130,762
Totaux généraux	589,438	37,516,882	112,375	5,907,086

Tableau N° 20.

GRÈCE.

IMPORTATIONS DE BOIS COMMUNS EN 1897.

Commerce spécial.

DÉSIGNATION DES MARCHANDISES.	UNITÉS.	QUANTITÉS.	VALEURS EN FRANCS.
I. Bois à brûler.			
Bois à brûler	Kilogramme.	760,054	5,953
II. Charbon de bois.			
Charbon de bois	Kilogramme.	2,231,739	87,177
III. Bois d'œuvre.			
Bois de construction navale :			
De sapin et de pin en général	Mètre cube.	10,522	706,984
Poutres et madriers de sapin et de pin.	*Idem.*	8,162	546,854
Bois ronds de sapin et de pin, avec ou sans écorce	*Idem.*	2,778	223,628
Bois de chêne	*Idem.*	404	32,522
Bois de construction :			
Tous bois bruts propres à la construction de sapin et de pin en général.	*Idem.*	18,717	1,245,039
Poutres et madriers de sapin et de pin.	*Idem.*	1,090	73,030
Bois ronds de sapin et de pin en troncs, avec ou sans écorce	*Idem.*	85	5,695
Bois de chêne	*Idem.*	353	36,712
Bois de châtaignier, orme et autres	*Idem.*	168	8,694
Bois de tonnellerie :			
Cercles de toute espèce et de toute épaisseur	Kilogramme.	708,435	38,741
Merrains	*Idem.*	3,883,141	273,031
Bois de hêtre en général	*Idem.*	1,158,233	81,502
Totaux pour les bois d'œuvre	Mètre cube. Kilogramme.	42,279 5,749,809	3,272,432
Valeur totale de l'importation			3,365,562

TABLEAU N° 21.

GRÈCE.

EXPORTATIONS DE BOIS COMMUNS EN 1897.

Commerce spécial.

DÉSIGNATION DES MARCHANDISES.	UNITÉS.	QUANTITÉS.	VALEURS EN FRANCS.
I. BOIS À BRÛLER.			
Bois à brûler	Kilogr.	38,202	895
II. BOIS D'OEUVRE.			
Bois de construction	Kilogr.	10,534	1,306
Bois de construction navale	Idem.	27,776	2,604
TOTAUX pour les bois d'œuvre		38,310	3,910
VALEUR totale de l'exportation			4,805

TABLEAU N° 22.

BULGARIE.

IMPORTATIONS ET EXPORTATIONS DE BOIS COMMUNS EN 1898.

DÉSIGNATION DES MARCHANDISES.	IMPORTATIONS.		EXPORTATIONS.	
	QUANTITÉS EN KILOGRAMMES.	VALEURS EN FRANCS.	QUANTITÉS EN KILOGRAMMES.	VALEURS EN FRANCS.
Bois dur d'Europe de construction, brut ou simplement équarri à la hache et loupes de noyer	5,420,973	232,238	478,609	77,411
Bois tendre d'Europe de construction, brut ou simplement équarri à la hache.	19,815,637	756,020	11,713,574	663,7[illegible]3
Bois dur d'Europe scié ou autrement préparé (planches pour parquet, douves, merrains, etc.)	8,205,297	595,079	1,580,098	98,348
Bois tendre d'Europe scié en planches ou autrement préparé	24,691,595	1,511,493	66,064	5,785
TOTAUX	58,133,502	3,094,830	13,838,345	845,337

TABLEAU N° 23.

SERBIE.

IMPORTATIONS ET EXPORTATIONS DE BOIS COMMUNS EN 1898.

DÉSIGNATION DES MARCHANDISES.	IMPORTATIONS.		EXPORTATIONS.	
	QUANTITÉS EN MÈTRES CUBES.	VALEURS EN FRANCS.	QUANTITÉS EN MÈTRES CUBES.	VALEURS EN FRANCS.
I. Bois à brûler.				
Bois à brûler	114,905	449,931	18,352	81,722
II. Bois d'œuvre.				
Troncs de noyer	61	9,505	149	8,300
Douves de chêne pour fûts	32	1,870	4,266	281,476
Troncs, bois en grume, madriers solives et perches	5,120	102,587	3,579	104,259
Planches, lattes, carreaux, marches d'escaliers	23,717	641,860	9	200
Échalas, bardeaux et pieux	35	739	//	//
TOTAUX	28,765	756,561	8,003	394,235
III. Charbon de bois.				
	Quantité en kilogrammes.			
Charbon de bois	9,265	503	//	//
TOTAUX	mètres cubes 143,870 kilogrammes. 9,265	1,206,995	26,355	475,957

Tableau N° 24.

AUTRICHE-HONGRIE.

IMPORTATIONS ET EXPORTATIONS DE BOIS COMMUNS EN 1888.

Commerce spécial.

DÉSIGNATION DES MARCHANDISES.	IMPORTATIONS.		EXPORTATIONS.	
	QUANTITÉS EN QUINTAUX de 100 kil.	VALEURS EN FLORINS.	QUANTITÉS EN QUINTAUX de 100 kil.	VALEURS EN FLORINS.
I. Bois d'œuvre.				
Bois d'œuvre, d'Europe, brut dur	109,720	384,992	481,430	1,733,148
Bois d'œuvre, d'Europe, brut tendre	296,013	355,216	6,814,593	10,221,889
Bois d'œuvre, d'Europe, dégrossi dur	86,932	347,728	480,992	1,923,968
Bois d'œuvre, d'Europe, dégrossi tendre	135,876	211,967	1,500,042	3,000,084
Merrains	132,750	995,625	2,060,514	15,453,855
Traverses de chemins de fer	40,832	57,165	336,094	672,188
Bois scié (à l'exclusion des placages) dur	21,888	87,552	808,327	4,849,962
Bois scié (à l'exclusion des placages) tendre	139,356	362,326	6,441,591	19,324,773
Totaux pour les bois d'œuvre	963,367	2,802,571	18,923,583	57,179,867
Valeurs en francs	〃	5,885,399	〃	120,077,721
II. Bois à brûler, tannée, etc.				
Bois à brûler, tannée, etc	505,787	276,496	1,969,592	1,083,578
Valeurs en francs	〃	580,642	〃	2,275,514
III. Charbon de bois et briquettes de charbon de bois.				
Charbon de bois et briquettes de charbon de bois	11,944	27,471	359,744	899,360
Valeurs en francs	〃	57,689	〃	1,888,656
Totaux généraux	1,481,098	3,106,538	21,252,919	59,162,805
Valeurs en francs	〃	6,523,730	〃	124,241,891

Tableau N° 25.

AUTRICHE-HONGRIE.

IMPORTATIONS ET EXPORTATIONS DE BOIS COMMUNS EN 1898.

Commerce spécial.

DÉSIGNATION DES MARCHANDISES.	IMPORTATIONS.		EXPORTATIONS.	
	QUANTITÉS EN QUINTAUX de 100 kil.	VALEURS EN FLORINS.	QUANTITÉS EN QUINTAUX de 100 kil.	VALEURS EN FLORINS.
I. Bois d'œuvre.				
Bois d'œuvre, d'Europe, brut dur. (Bois en grume.)	114,164	193,166	752,568	3,485,699
Bois d'œuvre, d'Europe, brut tendre. (Bois en grume.)	990,525	965,009	16,278,531	32,265,965
Bois d'œuvre, d'Europe, dégrossi dur.	44,973	89,946	343,155	1,687,432
Bois d'œuvre, d'Europe, dégrossi tendre.	71,676	157,965	1,732,380	4,649,435
Merrains	50,589	352,268	1,292,586	8,671,260
Traverses de chemins de fer	63,645	85,921	872,687	1,988,663
Bois scié (à l'exclusion des placages) dur	51,650	151,818	1,451,361	9,355,527
Bois scié (à l'exclusion des placages) tendre	336,899	699,054	10,764,555	35,131,902
Totaux pour les bois d'œuvre.	1,724,122	2,695,147	33,487,823	97,235,883
Valeurs en francs	"	5,659,809	"	204,195,354
II. Bois à brûler, tannée, etc.				
Bois à brûler, tannée, etc.	778,420	429,378	1,877,508	1,999,886
Valeur en francs	"	901,694	"	4,199,761
III. Charbon de bois et briquettes de charbon de bois.				
Charbon de bois et briquettes de charbon de bois	10,925	32,775	161,597	547,759
Valeurs en francs	"	68,827	"	1,150,294
Totaux généraux	2,513,467	3,157,300	35,526,928	99,783,528
Valeurs en francs	"	6,630,330	"	209,545,409

TABLEAU N° 26.

AUTRICHE-HONGRIE.

CUBES EN FORÊT CORRESPONDANT AUX IMPORTATIONS ET EXPORTATIONS DE BOIS D'ŒUVRE EN 1898.

DÉSIGNATION DES MARCHANDISES.	IMPORTATIONS.			EXPORTATIONS.			EXCÉDENTS des CUBES en forêt à l'exportation.
	POIDS en quintaux.	CUBES importés en mètres cubes.	CUBES EN FORÊT correspondant aux cubes importés en mètres cubes.	POIDS en quintaux.	CUBES exportés en mètres cubes.	CUBES EN FORÊT correspondant aux cubes exportés en mètres cubes.	
Bois d'œuvre d'Europe brut, dur	114,164	14,270	14,270	752,568	94,070	94,070	79,800
Bois d'œuvre d'Europe brut, tendre	990,526	180,090	180,090	16,278,531	2,959,730	2,959,730	2,779,640
Bois d'œuvre d'Europe dégrossi, dur	44,973	5,620	7,020	343,155	42,890	53,610	46,590
Bois d'œuvre d'Europe dégrossi, tendre	71,676	13,030	14,480	1,732,380	314,970	349,970	335,490
Merrains	50,589	7,230	14,460	1,292,586	184,650	369,300	354,840
Traverses de chemin de fer	63,645	10,610	11,790	872,687	145,450	161,610	149,820
Bois scié, dur	51,650	6,450	12,900	1,451,361	181,420	362,840	349,940
Bois scié, tendre	336,899	61,250	87,500	10,764,555	1,957,190	2,795,990	2,708,490
TOTAUX	1,724,122	298,550	342,510	33,487,823	5,880,370	7,147,120	6,804,610

TABLEAU N° 27.

NORVÈGE.

IMPORTATIONS DE BOIS COMMUNS EN 1888.

DÉSIGNATION DES MARCHANDISES.	QUANTITÉS en KILOGRAMMES.	VALEURS en KRONEN.
Cercles	558,768	68,700
Douves brutes	813,471	56,900
Douves travaillées	235,525	18,800
Bois divers	145,147,533	4,354,400
TOTAUX	146,755,297	4,498,800
QUANTITÉ en mètres cubes	293,500	//
VALEUR en francs	//	6,247,933

TABLEAU N° 28.

NORVÈGE.

EXPORTATIONS DE BOIS COMMUNS EN 1888.

DÉSIGNATION DES MARCHANDISES.		QUANTITÉS en MÈTRES CUBES.	VALEURS en KRONEN.
I. BOIS D'ŒUVRE.			
Bois de plus de 19 décimètres.	Bois raboté de toute espèce	551,984	13,799,600
	Bois sciés	504,717	9,787,700
	Poutres, poutrelles, poteaux télégraphiques, bois de mines, étais, etc.	382,322	3,725,400
Bois de moins de 19 décimètres.	Planches pour caisses	36,922	701,500
	Douves et autres bois découpés	87,775	1,459,800
	Étais	196,265	1,472,000
	Traverses de chemins de fer	13,233	152,200
	Bois pour la fabrication de la pâte de cellulose	29,619	192,500
	Divers	//	9,400
TOTAUX		1,802,837	31,300,100
VALEUR en francs		//	43,469,579
II. BOIS À BRÛLER.			
Déchets et bois à brûler		94,469	831,300
VALEUR en francs		//	1,154,509
TOTAL DES EXPORTATIONS		1,897,306	32,131,400
VALEUR en francs		//	44,624,088

Tableau N° 29.

NORVÈGE.

IMPORTATIONS DE BOIS COMMUNS EN 1898.

DÉSIGNATION DES MARCHANDISES.	QUANTITÉS en KILOGRAMMES.	VALEURS en KRONEN.
Cercles	1,515,877	174,600
Douves brutes	1,503,671	105,300
Douves travaillées	55,960	16,800
Bois divers	181,312,567	5,439,400
Totaux	184,388,075	5,736,100
Quantité en mètres cubes	369,000	//
Valeur en francs	//	7,966,296

Tableau N° 30.

NORVÈGE.

EXPORTATIONS DE BOIS COMMUNS EN 1898.

DÉSIGNATION DES MARCHANDISES.		QUANTITÉS en MÈTRES CUBES.	VALEURS en KRONEN.
I. Bois d'oeuvre.			
Bois de plus de 19 décimètres.	Bois rabotés de toute espèce	599,283	18,877,400
	Bois sciés	529,825	11,596,100
	Poutres, poutrelles, poteaux télégraphiques, bois de mines, étais, etc.	387,928	4,558,600
Bois de moins de 19 décimètres.	Planches pour caisses	75,051	1,501,000
	Douves et autres bois découpés	85,833	1,550,800
	Étais	126,459	910,500
	Traverses de chemins de fer	5,285	60,800
	Bois pour la fabrication de la pâte de cellulose	39,218	258,800
	Divers	//	57,200
Totaux		1,848,882	39,371,200
Valeur en francs		//	54,678,723
II. Bois à brûler.			
Déchets et bois à brûler		124,940	762,100
Valeur en francs		//	1,058,404
Total des exportations		1,973,822	40,133,300
Valeur en francs		//	55,737,127

Tableau N° 31.

SUÈDE.

IMPORTATIONS DE BOIS COMMUNS EN 1888.

DÉSIGNATION DES MARCHANDISES.		QUANTITÉS en MÈTRES CUBES.	VALEURS en KRONEN.
	I. Bois d'œuvre.		
Bois de pin ou d'épicéa.	Bois de charpente ou de mâture de 0 m. 20 de diamètre et au-dessus au petit bout.	8,256	247,680
	Bois de charpente ou de mâture de diamètre inférieur	984	24,600
	Traverses de chemins de fer	300	4,500
	Poutres et poutrelles de 0 m. 20 d'épaisseur au milieu	306	6,120
	Poutres et poutrelles d'épaisseur inférieure.	339	5,085
	Madriers et battens d'au moins 0 m. 05 d'épaisseur et 0 m. 10 de largeur	1,082	32,460
	Planches de moins de 0 m. 05 d'épaisseur et de largeur quelconque	2,960	74,000
	Bouts de planches ou de madriers de 2 mètres au plus de longueur	296	2,072
	Lattes, éclisses, etc	134	2,680
	Merrains, douves, fonds	2,841	71,025
	Bois divers	35	350
Bois d'autres espèces indigènes.	Merrains, douves, fonds	230	6,900
	Bois divers	15,064	225,960
	Totaux pour les bois d'œuvre	32,827	703,432
	Valeur en francs	"	976,926
	II. Bois à brûler.		
Bois à brûler	de pin ou d'épicéa	26,951	134,755
	d'autres essences	74,937	749,[illegible]70
	Totaux pour les bois à brûler	101,888	884,125
	Valeur en francs	"	1,227,873
	Totaux généraux	134,715	1,587,557
	Valeur en francs	"	2,204,799

Tableau N° 32.

SUÈDE.

EXPORTATIONS DE BOIS COMMUNS EN 1888.

DÉSIGNATION DES MARCHANDISES.		QUANTITÉS en MÈTRES CUBES.	VALEURS en KRONEN.
I. Bois d'œuvre.			
Bois de pin ou d'épicéa.	Charpente, mâts, matériaux de o m. 25 de diamètre au petit bout	194,822	6,604,466
	Charpente, mâts, matériaux de dimensions inférieures	34,320	637.666
	Poteaux télégraphiques	50	600
	Étais de mines	456,485	4,345,738
	Cercles, gaffes	801	8,811
	Traverses de chemins de fer	13,141	118,269
	Lattes, éclisses, etc.	17,937	354,590
	Poutres et poutrelles de o m. 20 d'épaisseur au milieu	90,246	1,882,532
	Poutres et poutrelles de dimensions inférieures	203,550	2,688,896
	Planches, madriers et battens d'au moins o m. o5 d'épaisseur et o m. 10 de large.	2,683,955	63,931,808
	Planches de moins de o m. o5 d'épaisseur et de largeur quelconque	1,107,586	20,290,976
	Planches rabotées ou rainées	188,394	4,651,448
	Bouts de planches et de madriers	258,174	1,706,530
	Merrains, douves, fonds	44,976	1,124,400
	Bois divers	5,565	55,594
Bois d'autres espèces indigènes.	Merrains, douves et fonds	9,194	275,820
	Bois divers	10,156	152,340
	Totaux pour les bois d'œuvre	5,319,352	108,830,484
	Valeur en francs	"	151,143,776
II. Bois à brûler.			
Bois à brûler...	de pin ou d'épicéa	20,757	103,785
	d'autres essences	76,408	764,080
	Totaux pour les bois à brûler	97,165	867,865
	Valeur en francs	"	1,205,291
Totaux généraux		5,416,517	109,698,349
Valeur en francs		"	152,349,067

Tableau N° 33.

SUÈDE.

IMPORTATIONS DES BOIS COMMUNS EN 1898.

DÉSIGNATION DES MARCHANDISES.		QUANTITÉS en MÈTRES CUBES.	VALEURS en KRONEN.
	I. Bois d'œuvre.		
Bois de pin ou d'épicéa.	Bois de charpente ou de mâture de 25 centimètres au petit bout	45,449	1,461,185
	Espars, charpente ou mâture de moindre dimension jusqu'à 5 centimètres de diamètre au petit bout	76,076	1,076,475
	Poutres de 20 centimètres d'épaisseur au milieu	44	1,012
	Poutrelles d'épaisseur inférieure à 20 centimètres au milieu	1,147	13,191
	Madriers et battens d'au moins 5 centimètres d'épaisseur et 10 centimètres de largeur	1,166	31,715
	Planches de moins de 5 centimètres d'épaisseur et de largeur quelconque.	5,704	136,896
	Bouts de planches et madriers de 2 mètres au plus de longueur	8,299	60,998
	Lattes, éclisses, etc.	217	4,080
	Merrains, douves, fonds	2,223	31,455
Bois d'autres espèces indigènes.	Merrains, douves, fonds	1,596	39,900
	Bois divers	35,483	532,245
	Totaux pour les bois d'œuvre	177,404	3,389,152
	Valeur en francs	....	4,706,854
	II. Bois à brûler.		
Bois à brûler.	de pin ou d'épicéa	43,274	108,185
	d'autres essences	59,543	297,715
	Totaux pour les bois à brûler	102,817	405,900
	Valeur en francs	....	563,714
Totaux généraux		280,221	3,795,052
Valeur en francs		....	5,270,568

Tableau N° 34.

SUÈDE.

EXPORTATIONS DES BOIS COMMUNS EN 1898.

	DÉSIGNATION DES MARCHANDISES.	QUANTITÉS en MÈTRES CUBES.	VALEURS en KRONEN.
	I. Bois d'œuvre.		
Bois de pin ou d'épicéa.	Bois de charpente et de mâture de 25 centim. de diamètre au petit bout.	95,934	3,084,278
	Espars et bois plus petits	71,426	1,010,678
	Gaffes et cercles	580	6,380
	Poteaux télégraphiques	5,301	63,612
	Rames et avirons	88	1,320
	Poutres de 20 centimètres d'épaisseur au milieu	67,159	1,544,657
	Poutrelles	251,382	2,890,893
	Traverses de chemin de fer	50,736	791,482
	Étais de mines	793,528	7,300,458
	Bois pour la fabrication de la pâte de cellulose	10,420	62,520
	Madriers et battens d'au moins 5 centimètres d'épaisseur et 10 centimètres de largeur	2,667,066	72,544,195
	Planches de moins de 5 centimètres d'épaisseur et de largeur quelconque.	1,629,905	39,117,720
	Planches rabotées ou rainées	451,819	12,763,887
	Bouts de planches et de madriers	326,488	2,914,187
	Lattes, bardeaux, éclisses, etc	57,281	1,022,281
	Merrains, douves, fonds	45,465	643,330
	Bois divers	6,532	65,320
Bois d'autres espèces indigènes.	Merrains, douves, fonds	1,807	45,175
	Bois divers	14,231	213,465
	Totaux pour les bois d'œuvre	6,547,148	146,085,838
	Valeur en francs	....	202,884,012
	II. Bois à brûler.		
Bois à brûler	de pin ou d'épicéa	16,156	40,390
	d'autres essences	55,067	275,335
	Totaux pour les bois de feu	71,223	315,725
	Valeur en francs	....	438,479
	Totaux généraux	6,618,371	146,401,563
	Valeur en francs	....	203,322,491

Tableau N° 35.

FINLANDE.

EXPORTATIONS ET IMPORTATIONS DE BOIS COMMUNS EN 1898.

DÉSIGNATION DES MARCHANDISES.		QUANTITÉS en MÈTRES CUBES.	VALEURS en FRANCS.
	EXPORTATIONS.		
	I. Bois d'oeuvre.		
	Bois bruts :		
Bois de pin ou d'épicéa.	Mâts, espars, billons, charpentes	178,900	2,594,051
	Poutres hollandaises	3,286	78,864
	Étais de mines	367,831	2,574,817
	Bûches pour pâtes de cellulose	378,184	2,647,288
	Produits divers	117	1,404
	Bois équarris ou partiellement sciés :		
	Poutres ordinaires	454	18,160
	Poutrelles, bois carrés	64,424	1,803,872
	Traverses de chemins de fer	9,522	142,830
	Lattes, éclisses	65,360	1,307,200
	Gaffes et avirons	2,299	41,382
	Bois sciés ou à demi ouvrés :		
	Sciages de plus de 2 mètres de longueur :		
	Madriers	288,033	12,097,386
	Battens	769,681	28,863,039
	Planches	936,515	32,778,025
	Poutrelles sciées	2,312	62,424
	Bouts de planches	122,717	1,127,170
	Merrains, douves, fonds	91,360	1,827,200
	Bois raboté	//	3,355
	Produits divers	//	56
	A reporter	3,280,995	87,968,523

DÉSIGNATION DES MARCHANDISES.		QUANTITÉS en MÈTRES CUBES.	VALEURS en FRANCS.
	EXPORTATIONS. (*Suite.*)		
	I. Bois d'œuvre. (*Suite.*)		
	Report	3,280,995	87,968,523
Bois d'autres espèces indigènes.	Bois de tremble	6,539	130,740
	Bois de bouleau	18,287	731,480
	Merrains, douves, fonds	1,263	44,205
	Autres bois, bruts ou équarris	8,189	131,024
	Autres bois, sciés ou rabotés	116	4,408
	Totaux pour les bois d'œuvre	3,315,389	89,010,380
	II. Bois à brûler.		
Bois à brûler	de pin ou d'épicéa	309,526	928,578
	d'autres essences	285,079	1,140,316
	Totaux pour les bois à brûler	594,605	2,068,894
	Totaux généraux de l'exportation	3,909,994	91,079,274
	IMPORTATIONS.		
Produits divers		"	771,984

TABLEAU N° 36.

RUSSIE.

EXPORTATIONS DE BOIS COMMUNS EN 1897.

DÉSIGNATION DES MARCHANDISES.	VALEURS EN ROUBLES.
I. Bois d'œuvre.	
Grumes.. de chêne	317,601
Grumes.. de pin	7,740,380
Grumes.. d'épicéa	2,220,706
Grumes.. d'autres essences	640,064
Perches	357,971
Bois.... équarris (solives, chevrons, etc.)	5,970,808
Bois.... sciés (planches, etc.)	29,570,658
Lattes et bardeaux	93,902
Poteaux	536,602
Bois de noyer	227,396
Produits divers	6,411,325
TOTAL pour les bois d'œuvre	54,087,413
VALEUR en francs	144,233,100
II. Bois à brûler.	
Chêne	29,152
Pin	313,038
Épicéa	127,922
Bouleau	37,899
Essences diverses	238,225
Ramilles	6,162
TOTAL pour les bois à brûler	752,398
VALEUR en francs	2,006,395
TOTAL GÉNÉRAL	54,839,811
VALEUR en francs	146,239,495

DÉSIGNATION DES FRONTIÈRES ET PAYS DE DESTINATION.		VALEURS EN ROUBLES.
RÉPARTITION DE L'EXPORTATION PAR FRONTIÈRE.		
Mer Blanche		7,518,617
Mer Baltique		28,104,650
Frontière allemande		16,820,959
Frontière austro-hongroise		534,711
Frontière roumaine		43
Mer Noire		1,269,766
Mer d'Azow		12
Frontière de Finlande		52,425
Frontière d'Asie		538,628
Total		54,839,811
RÉPARTITION DE L'EXPORTATION PAR PAYS DE DESTINATION.		
Belgique	2,865,630	47,848,859
Angleterre	21,948,262	
Allemagne	19,334,335	
France	3,700,632	
Pays divers		6,990,952
Total		54,839,811

Tableau N° 37.

RUSSIE.

IMPORTATIONS DE BOIS COMMUNS EN 1897.

DÉSIGNATION DES MARCHANDISES.	VALEURS EN ROUBLES.
Grumes, bois de feu, fagots, ramilles	2,765,459
Bois équarris de plus de 2 pouces d'épaisseur	205,573
Planches et bois débités de 1/4 de pouce à 2 pouces d'épaisseur	1,607,481
Total	4,578,513
Valeur en francs	12.207,368

Tableau N° 38.

ROUMANIE.

IMPORTATIONS ET EXPORTATIONS DE BOIS COMMUNS DE 1894 À 1898.

ANNÉES.	MARCHANDISES.	UNITÉS.	IMPORTATIONS.		EXPORTATIONS.	
			QUANTITÉS.	VALEURS en francs.	QUANTITÉS.	VALEURS en francs.
	I. Bois d'oeuvre.					
1894.....	Troncs de sapin.	Mèt. cube.	26,928	394,470	21,080	316,200
1895.....	Troncs de sapin.	Mèt. cube.	14,860	297,200	14,255	285,100
1896.....	Troncs de sapin.	Mèt. cube.	64,824	1,296,480	57,734	1,154,680
1897.....	Troncs de sapin.	Mèt. cube.	5,345	106,903	89,162	1,783,240
1898.....	Troncs de sapin.	Mèt. cube.	1,861	37,220	50,695	1,013,900
	Moyennes...	....	22,638	426,455	46,585	910,624
1894.....	Bois de construction et d'ouvrage.......	Tonne...	1,401	140,101	33,957	3,395,695
1895.....	Bois de construction et d'ouvrage.......	Tonne...	1,320	132,046	39,340	3,933,966
1896.....	Bois de construction et d'ouvrage.......	Tonne...	862	68,990	59,535	4,762,768
1897.....	Bois de construction et d'ouvrage.......	Tonne...	560	44,808	50,689	4,055,118
1898.....	Bois de construction et d'ouvrage.......	Tonne...	1,247	99,754	39,378	3,150,200
	Moyennes...	....	1,078	97,140	44,580	3,859,549
1894.....	Douelles en chêne.	Tonne...	541	54,116	6,327	632,677
1895.....	Douelles en chêne.	Tonne...	418	41,768	796	79,622
1896.....	Douelles en chêne.	Tonne...	339	33,912	9,194	919,370
1897.....	Douelles en chêne.	Tonne...	701	70,061	780	79,998
1898.....	Douelles en chêne.	Tonne...	492	49,198	1	86
	Moyennes...	....	498	49,811	3,420	342,351
Totaux des moyennes pour les bois d'œuvre.............		Mèt. cube.	26,638	573,406	46,585	5,112,524
		Tonne...	1,576		48,000	

ANNÉES.	MARCHANDISES.	UNITÉS.	IMPORTATIONS. QUANTITÉS.	IMPORTATIONS. VALEURS en francs.	EXPORTATIONS. QUANTITÉS.	EXPORTATIONS. VALEURS en francs.
			II. Bois à brûler.			
1894.....	Bois à brûler...	Tonne...	13,350	200,255	5,638	84,584
1895.....			9,031	180,618	9,104	182,071
1896.....			9,370	187,418	14,585	291,705
1897.....			8,941	178,838	12,031	240,622
1898.....			10,602	202,049	19,513	390,270
	Moyennes...	....	10,259	189,835	12,174	237,850
			III. Charbon de bois.			
1894.....	Charbon de bois.	Tonne...	2,056	164,449	//	//
1895.....			949	94,929	5	476
1896.....			1,458	116,617	//	//
1897.....			1,228	98,206	101	10,128
1898.....			476	38,050	22	1,787
	Moyennes...	....	1,233	102,450	25	2,478
			Valeurs moyennes totales.			
//	Bois d'œuvre...	//	//	573,406	//	5,112,524
//	Bois à brûler...	//	//	189,835	//	237,850
//	Charbon de bois.	//	//	102,450	//	2,478
	Totaux.....	....	....	865,691	//	5,352,852

TABLEAU N° 39.

ÉTATS-UNIS.

IMPORTATIONS DE BOIS D'ŒUVRE COMMUNS DU 1er JUILLET 1897 AU 30 JUIN 1898.

DÉSIGNATION DES MARCHANDISES.	UNITÉS.	IMPORTATIONS TOTALES.		RÉEXPORTATIONS À DÉDUIRE.		IMPORTATIONS NETTES.	
		Quantités.	Valeurs en dollars.	Quantités.	Valeurs en dollars.	Quantités.	Valeurs en dollars.
Tronces et bois ronds	Mille pieds. Board measure	275,547	2,430,089	"	"	275,547	2,430,089
Bois de charpente, haché, scié, équarri ou dégrossi	*Idem*	139,601	39,534	27,365	3,928	112,236	35,606
Sciages (madriers, planches, etc.)	*Idem*	353,215	3,509,818	26,185	442,659	327,030	3,067,159
Bardeaux	Mille pièces	435,421	760,984	1,523	1,523	433,898	759,461
Autres sciages		"	796,843	"	1,062	"	795,781
Tous autres bois non manufacturés		"	2,304,766	"	184,113	"	2,120,653
TOTAUX			9,842,034		633,285		9,208,749
VALEURS en francs			51,006,341		3,282,000		47,724,341

Tableau N° 40.

ÉTATS-UNIS.

EXPORTATIONS DE BOIS D'OEUVRE COMMUNS DU 1er JUILLET 1897 AU 30 JUIN 1898.

DÉSIGNATION DES MARCHANDISES.		UNITÉS.	QUANTITÉS.	VALEURS EN DOLLARS.
Bois de charpente et bois non manufacturé.	Scié	Mille pieds. Board measure	338,575	3,438,578
	Taillé	Pied cube	5,489,714	1,128,893
	Tronces et autres	"	"	3,189,820
Sciages	Madriers, planches, etc.	Mille pieds. Board measure	790,659	12,080,318
	Rainés et bouvetés	*Idem.*	35,610	387,671
Bardeaux		Mille pièces	50,524	101,040
Planches pour caisses		"	"	486,860
Autres		"	"	557,895
Douves		Nombre	54,142,759	3,559,750
Fonds		"	"	227,328
Bois divers		"	"	3,256,880
Total				28,415,033
Valeur en francs				147,260,909

TABLEAU N° 41.

CANADA.

EXPORTATIONS DE BOIS COMMUNS DU 1er JUILLET 1897 AU 30 JUIN 1898.

DÉSIGNATION DES MARCHANDISES.	UNITÉS.	QUANTITÉS.	VALEURS EN DOLLARS.
I. BOIS D'OEUVRE.			
Tilleul ou bois blanc	Mille pieds board measure.	1,209	37,044
Hickory	Idem.	16	437
Courbes et allonges	Pièce.	35,742	14,175
Bois à lattes	Corde.	350	700
Billes de cèdre propres au débit en bardeaux	Idem.	903	645
Billes d'orme	Mille pieds board measure.	8,483	53,784
Billes de hemlock	Idem.	1,121	4,030
Billes de chêne	Idem.	120	2,517
Billes de pin	Idem.	186,049	1,616,671
Billes d'épicéa	Idem.	5,526	33,885
Billes d'autres essences	Idem.	9,342	89,430
SCIAGES.			
Battens	"	"	20,350
Madriers de pin	Étalon de cent.	78,786	3,885,448
Madriers d'autres essences	Idem.	292,743	7,918,366
Bouts de madriers	Idem.	22,224	641,068
Lattes	Mille.	334,971	343,378
Palissades	Idem.	2,855	14,851
Piquets	Idem.	1,779	18,052
Planches, etc.	Mille pieds board measure.	515,277	5,625,391
Solives	Idem.	573	5,229
Menues charpentes	Idem.	31,011	241,544
Douves (étalon)	Mille.	7,328	33,412
Douves autres et fonds	"	"	368,171
Autres sciages	"	"	257,603
A reporter	....	....	21,225,681

DÉSIGNATION DES MARCHANDISES.	UNITÉS.	QUANTITÉS.	VALEURS EN DOLLARS.
I. Bois d'oeuvre. (*Suite.*)			
Report	....	....	21,225,681
Bois d'allumettes	"	"	15,892
Mâts et espars	Pièce.	677	2,448
Pieux	"	"	135,154
Perches à houblon	"	"	665
Cercles	"	"	1,180
Poteaux télégraphiques	"	"	20,759
Autres	"	"	13,522
Poteaux de cèdre, tamarack et autres	"	"	23,415
Bardeaux	Mille.	565,839	994,438
Bottes de bardeaux, de pin ou cèdre	Corde.	243	656
Traverses de chemins de fer	Pièce.	701,810	101,191
Bottes de douves	Corde.	9,077	20,811
Planchettes pour caisses	Pièce.	924,882	101,787
Autres	"	"	18,768
BOIS ÉQUARRI.			
Frêne	Tonne.	3,042	34,290
Bouleau	*Idem.*	16,205	143,623
Orme	*Idem.*	16,009	222,529
Érable	*Idem.*	195	2,098
Chêne	*Idem.*	33,841	740,502
Pin rouge	*Idem.*	5,834	62,011
Pin blanc	*Idem.*	101,533	1,764,074
Autres	*Idem.*	1,508	39,955
Bois à pulpe	"	"	912,041
Autres bois	"	"	87,323
VALEUR TOTALE des bois d'œuvre	....	....	26,684,813
VALEUR en francs	....	....	138,294,043
II. Bois à brûler.			
Bois à brûler	Corde.	79,972	140,897
VALEUR en francs	"	"	730,199
VALEUR TOTALE de l'exportation, en francs.	....	....	139,024,242

Tableau N° 42.

CANADA.

IMPORTATIONS DE BOIS COMMUNS DU 1er JUILLET 1897 AU 30 JUIN 1898.

DÉSIGNATION DES MARCHANDISES.	UNITÉS.	QUANTITÉS.	VALEURS EN DOLLARS.
I. Bois d'oeuvre.			
Bûches d'hickory	"	"	1,470
Poteaux de clôture et traverses de chemins de fer	"	"	68,236
Billes et bois de construction non ouvré	"	"	136,918
Bois de sciage et de construction de cerisier, châtaignier, etc.	Mille pieds board measure.	7,212	227,280
Bois de sciage et de construction de chêne	Idem.	24,863	484,782
Bois de sciage et de construction de pitch-pine	Idem.	16,813	295,748
Bois de sciage et de construction de red-wood	Idem.	6	190
Bois de sciage et de construction de noyer	Idem.	2,322	56,049
Bois de sciage et de construction de sycomore	Idem.	42	1,782
Bois de sciage et de construction de frêne blanc	Idem.	413	12,783
Bois de bateau	"	"	548
Bois de charpente ou de sciage dégrossi à la hache ou à la scie, etc	"	"	462,363
Madriers, planches, etc., sciés ou fendus	Mille pieds board measure.	32,652	384,767
Planches de pin et d'épicéa	Idem.	238	1,455
Lattes	Mille.	6,819	8,450
Piquets et palissades	"	"	56
Bardeaux	Mille.	13,864	19,772
Douves	Idem.	1,035	27,440
Total	....	....	2,190,089
Valeur en francs	....	....	11,350,136
II. Bois de feu.			
Bois de feu	Corde.	10,783	21,861
Valeur en francs	....	....	113,295
Valeur totale de l'importation en francs	....	....	11,463,431

Tableau N° 43.

INDES ANGLAISES.

IMPORTATIONS ET EXPORTATIONS DE BOIS D'ŒUVRE COMMUNS PENDANT L'ANNÉE FISCALE FINISSANT LE 31 MARS 1899.

DÉSIGNATION DES MARCHANDISES.	QUANTITÉS en tonnes cubiques.	VALEURS en roupies.
Importations.		
Bois de Teck	7,795	581,272
Autres bois	15,301	728,437
Total des importations	23,096	1,309,709
Réexportations à déduire	369	32,784
Importations nettes	22,727	1,276,925
Volume en mètres cubes	25,727	"
Valeur en francs	"	2,145,234
Exportations.		
Bois de Teck	77,376	9,548,025
Autres bois	2,270	151,048
Total des exportations	75,106	9,396,957
Volume en mètres cubes	85,020	"
Valeur en francs	"	15,846,888

Nota. — Une tonne cubique = 40 pieds cubes, soit 1 m. c. 132. On a admis, pour valeur actuelle de la roupie, 16 pence, soit 1 fr. 68.

Tableau N° 44.

CHINE.

IMPORTATIONS ET EXPORTATIONS DE BOIS COMMUNS EN 1898.

DÉSIGNATION DES MARCHANDISES.	VALEURS en HAÏKWAN TAËLS.
I. Importations.	
Bois d'œuvre.	
Importations totales	966,637
Réexportations à déduire	2,082
Importations nettes	964,555
Valeur en francs	3,626,729
Bois de feu.	
Importations totales	379,405
Réexportations à déduire	1,682
Importations nettes	377,723
Valeur en francs	1,420,238
II. Exportations de produits chinois.	
Néant.	

Tableau N° 45.

JAPON.

IMPORTATIONS ET EXPORTATIONS DE BOIS COMMUNS EN 1898.

DÉSIGNATION DES MARCHANDISES.	VALEURS EN YENS.
I. Importations.	
Bois de construction et planches	500,182
Réexportations à déduire	10,622
Importations nettes	489,560
Valeur en francs	1,250,826
II. Exportations.	
Bois de construccion et planches	356,079
Valeur en francs	909,782

Tableau N° 46.

LE CAP.

IMPORTATIONS ET EXPORTATIONS DE BOIS D'ŒUVRE COMMUNS EN 1898.

DÉSIGNATION DES MARCHANDISES.	UNITÉS.	QUANTITÉS.	VALEURS en LIVRES STERLING.
I. Importations.			
Bois brut	Pied cube.	3,658,834	210,047
Douves	Pièce.	201,495	5,035
Bois raboté	Pied cube.	1,810,927	131,556
Total			346,638
Valeur en francs			8,742,210
II. Exportations (y compris les réexportations).			
Bois brut	Pied cube.	87,209	6,052
Bois raboté	*Idem.*	3,988	572
Total			6,624
Valeur en francs			167,057

Tableau N° 47.

RÉPUBLIQUE ARGENTINE.

IMPORTATIONS ET EXPORTATIONS DE BOIS COMMUNS EN 1898.

DÉSIGNATION DES MARCHANDISES.	UNITÉS.	QUANTITÉS.	VALEURS EN PESOS (ORO).
I. Importations.			
Douelles et éclisses	//	//	129,706
Bois non travaillé ou à demi travaillé	Mètre cube.	23,497	244,561
Noyer en feuilles	Mètre carré.	435,581	52,268
Noyer en planches	Mètre cube.	1,418	79,516
Cèdre	*Idem.*	16,271	162,726
Pin blanc	*Idem.*	74,709	1,039,745
Spruce	*Idem.*	111,702	1,517,296
Pin résineux	*Idem.*	127,843	1,760,231
Chêne en feuilles	Mètre carré.	28,023	3,361
Chêne en planches	Mètre cube.	623	17,465
Lattes pour plafonds	Kilogramme.	282,523	91,517
Cercles	//	//	46,317
Articles divers	Ballot.	5,023	165,737
Total			5,310,446
Valeur en francs			26,552,230
II. Exportations.			
Cèdre	//	//	7,168
Traverses de chemins de fer	Pièce.	10,000	15,000
Bois divers	//	//	29,122
Poteaux	Pièce.	177,708	64,530
Rondins de quebracho	Tonne.	188,260	1,882,604
Total			1,998,424
Valeur en francs			9,992,120

www.ingramcontent.com/pod-product-compliance
Ingram Content Group UK Ltd.
Pitfield, Milton Keynes, MK11 3LW, UK
UKHW020115240726
13926UKWH00011B/1493